Les Colons d

ou Industrie et Probité

Ouvrage destiné a servir de lecture courante dans les écoles primaires

J. Jacques Porchat

Alpha Editions

This edition published in 2024

ISBN : 9789362997067

Design and Setting By
Alpha Editions
www.alphaedis.com
Email - info@alphaedis.com

As per information held with us this book is in Public Domain.
This book is a reproduction of an important historical work. Alpha Editions uses the best technology to reproduce historical work in the same manner it was first published to preserve its original nature. Any marks or number seen are left intentionally to preserve its true form.

Contents

LES COLONS DU RIVAGE ....- 1 -
   1. — Introduction. ....- 1 -
   2. — Premier projet de Charles. ....- 2 -
   3. — Nouveau projet. ....- 3 -
   4. — Conseil de famille. ....- 4 -
   5. — La cabane. ....- 4 -
   6. — Premier établissement. ....- 6 -
   7. — Projets de conquêtes. ....- 7 -
   8. — La cabane devient habitable. ....- 7 -
   9. — Un fourneau. ....- 9 -
   10. — Les nasses. ....- 10 -
   11. — Les récoltes du pauvre. ....- 11 -
   12. — La cabane s'embellit. ....- 13 -
   13. — Nouveaux habitants. ....- 13 -
   14. — Le Rivage. ....- 14 -
   15. — Charles lutte contre la rivière. ....- 15 -
   16. — Soucis d'avenir. ....- 16 -
   17. — La truite. ....- 17 -
   18. — Premières cultures. ....- 18 -
   19. — Encore des colons. ....- 20 -
   20. — Effets naufragés. ....- 21 -
   21. — Un hôte. ....- 22 -
   22. — Bonheur du pauvre. ....- 24 -
   23. — L'école au rivage. ....- 25 -
   24. — Nouveaux progrès. ....- 28 -
   25. — Un vœu accompli. ....- 30 -

26. — Une fâcheuse séparation. .... - 30 -

27. — L'intendant. .... - 31 -

28. — L'abus de la force. .... - 33 -

29. — L'ingrat. .... - 34 -

30. — Nouvelles exigences. .... - 35 -

31. — Appel au maître. .... - 36 -

32. — L'agneau Frise-Laine. .... - 38 -

33. — Réparations forcées. .... - 40 -

34. — Instants de bonheur. .... - 41 -

35. — Nouvelles inquiétudes. .... - 42 -

36. — Il faut partir. .... - 43 -

37. — Résolution courageuse. .... - 44 -

38. — Regrets, nouveaux arrangements. .... - 45 -

39. — Le passage. .... - 46 -

40. — L'autre bord. .... - 51 -

41. — Une visite chez Rodolphe. .... - 52 -

42. — Le Télescope. .... - 53 -

43. — C'est lui-même. .... - 55 -

44. — Un dernier refuge. .... - 56 -

45. — Qui était l'hôte du Rivage. .... - 56 -

46. — Où coucheront-ils enfin? .... - 58 -

47. — La veille de Charles. .... - 59 -

48. — Est-ce un rêve? .... - 61 -

HISTOIRE DE GERMAIN, LE VANNIER,
RACONTÉE PAR VALENTIN ***. .... - 64 -

1. — Comment je fis la rencontre de Germain. .... - 64 -

2. — Germain commence le récit de sa vie. .... - 66 -

3. — Comme quoi Germain se fait vannier. .... - 68 -

4. — Premier voyage de commerce. .... - 69 -

5. — Germain se marie. ....- 71 -

6. — Son industrie excite celle de ses voisins. ....- 72 -

7. — Germain répare sa maison. — Bons conseils aux voisins. ....- 72 -

8. — Soucis paternels. ....- 73 -

9. — L'aisance augmente dans le village,
grâce aux avis de Germain. ....- 74 -

10. — Une bonne ménagère. ....- 76 -

11. — Nouveaux soucis. ....- 76 -

12. — Joie et douleur. ....- 77 -

13. — Un consolateur. ....- 79 -

14. — Conclusion. ....- 80 -

LES DEUX MEUNIERS[1]. ....- 81 -

LES COLONS DU RIVAGE

1. — Introduction.

Au bord d'un lac des Alpes, vivait, à la fin du siècle passé, une humble famille, dont l'histoire peut servir de leçon à beaucoup de gens, et montrer combien la pauvreté industrieuse sait trouver encore de ressources au milieu de la société. Un récit abrégé, mais fidèle, de la vie et des travaux de cette famille ne sera pas sans utilité, en un temps où l'on se plaint sans cesse qu'il est presque impossible de se faire un sort dans le monde et de trouver une place au soleil ; erreur décourageante qui serait moins répandue si l'on savait se contenter de ce qui est vraiment nécessaire, et profiter soigneusement des secours que l'équitable Providence ménage à ses enfants en apparence les plus délaissés.

Susanne Baudry, veuve après dix-huit ans de mariage, avait quatre enfants. L'aîné, nommé Charles, venait d'accomplir sa dix-septième année, mais il était très-avancé et très-fort pour son âge. Isabelle, l'aînée des filles, avait près de treize ans. André et Juliette en avaient onze ; ils étaient jumeaux. Leur père, Thomas Baudry, avait connu l'aisance. Il avait recueilli de ses parents un petit héritage, fruit de leur travail et de leurs épargnes pendant quarante années. Les petites fortunes sont, comme les grandes, sujettes à se perdre par le désordre et par le vice. Thomas, d'ailleurs assez bon ouvrier, s'étant adonné au vin, vendit peu à peu ce qu'il possédait, pour satisfaire sa honteuse passion. Il s'était vu propriétaire d'une petite maison et de quelques terres : il vécut assez pour ne laisser à sa veuve et à ses enfants qu'un chétif mobilier.

Sa mort était une délivrance pour sa famille, et cependant il fut pleuré, parce qu'il avait une bonne femme et des enfants pieux. Il avait montré, dans ses derniers moments, un profond repentir, demandant pardon à sa femme, consolant ses enfants, auxquels il disait avec humilité : « Vous ne faites pas une grande perte ; cependant, si Dieu l'avait permis, j'aurais tâché de réparer mes torts. »

Il mourut, et l'on oublia le mal qu'il avait fait ; on lui tint compte du bien qu'il aurait voulu faire. Malheureux le père de famille qui n'a connu son devoir que le dernier jour de sa vie, et qui a besoin d'indulgence pour obtenir des regrets!

2. — Premier projet de Charles.

Quelques jours après, Charles dit à sa mère : « Voici le moment où je dois reconnaître, selon mon pouvoir, ce que vous avez fait pour moi, et vous montrer que je saurai suivre vos conseils et votre exemple. Avant que mes sœurs et mon frère pussent vous comprendre, nous avons souvent passé la veillée tout seuls, vous et moi, et vous la trouviez bien longue, parce que vous attendiez mon père ; pour moi, il vous en souvient, je vous quittais toujours à regret, quand vous me disiez : « Charles, il est onze heures, il est minuit ; laisse-moi : tu as besoin de sommeil. » J'avais tant de plaisir à vous lire les histoires saintes, et à vous les entendre expliquer! vous me teniez des discours si sages sur les vanités du monde! Que de fois, en vous écoutant, j'ai béni dans mon cœur mon aïeul, qui vous a si bien instruite! Je prêtais l'oreille, en cardant la laine, et en suivant des yeux votre main diligente, qui ne cessait pas de filer le chanvre ou le lin, et je me disais : « Un jour je l'aiderai, je la consolerai ; je veux qu'elle me bénisse et qu'elle se puisse dire : Il n'y a pas au monde une mère plus tendrement aimée. »

La pauvre Susanne fut tout émue en écoutant ce langage, et Charles la pressa dans ses bras, sans pouvoir achever d'abord ce qu'il avait à dire. Il ajouta, un moment après : « On m'apprend qu'une riche famille de la ville demande un valet de chambre, et qu'elle n'exigerait pas un homme qui eût déjà du service, pourvu qu'il fût docile et de bonnes mœurs : voulez-vous que j'aille me présenter? Je vous quitterai avec beaucoup de regret, ma mère, mais je vous ferai vivre, et je pourrai plus tard aider mon frère et mes sœurs à se placer à leur tour.

— Ainsi nous serons dispersés, dit Susanne. Triste condition, à laquelle bien des familles indigentes savent pourtant échapper! Ce n'est pas sans une peine bien vive, mon bon Charles, que je consens à cette séparation ; cependant je ne vois pas dans ce moment d'autre parti à prendre ; notre loyer est échu ; je ne sais comment nous le paierons à l'avenir, et nous voilà sans asile. Mon rouet aurait beau tourner pendant quinze heures tous les jours, je ne pourrais pas suffire à la moitié du nécessaire ; et, malheureusement, ma mauvaise santé ne me permet pas d'employer mon temps d'une manière plus lucrative. Va, mon enfant, j'accepte tes services le cœur pénétré ; un jour, je l'espère, ces petits pourront les reconnaître mieux que moi. »

Charles mit ses meilleurs habits et se rendit à la ville. Il arriva trop tard ; la place était déjà donnée. Comme il revenait tristement, en suivant la grande route, qui, dans certains endroits, côtoie le lac d'assez près, il descendit sur la grève pour se reposer un moment à l'ombre des buissons fleuris. On était au printemps ; la vallée brillait d'un éclat magnifique. Charles regardait tour à tour le lac, les Alpes, les campagnes, et peu à peu il fut saisi de tristesse, à la pensée qu'il devrait peut-être quitter ce beau pays et s'en aller bien loin, pour trouver le pain de la famille ; ses sœurs et son frère s'exileraient à leur tour, et la mère resterait seule dans ce vallon délicieux, qui lui semblerait bien triste, quand elle n'y verrait plus ses enfants.

3. — Nouveau projet.

Charles disait en lui-même : « Oh! que ces maisons de campagne me plaisent le long du rivage. Mais que de luxe et de magnificence! Je serais heureux à moins de frais. Si nous avions seulement un petit coin comme cette grève, avec une pauvre cabane, nos bras nous donneraient tout le reste ; nous ne quitterions pas le lieu natal, et nous resterions tous ensemble sous le même toit, autour du même foyer. »

En faisant ces réflexions, Charles jeta les yeux sur une forêt de roseaux qui couvraient la plage, à l'embouchure d'une petite rivière. Leurs tiges empanachées, qui murmuraient au souffle du vent, semblaient souhaiter la bienvenue au fils de Susanne, en s'inclinant toutes ensemble de son côté. Ces roseaux secs étaient ceux de l'année précédente, que personne n'avait pris la peine de couper, et déjà la nouvelle génération s'élevait pour leur disputer la place. Si j'étais le maître du lieu où je me trouve, disait en lui-même le jeune garçon, je moissonnerais ces roseaux qui n'appartiennent à personne, j'en ferais une cabane à la manière des sauvages, et je dirais : « Venez, ma mère, nous avons un abri ; avec le temps nous le rendrons plus commode. Le bonheur ne fut pas toujours si bien logé. »

Cette pensée fit battre le cœur de Charles ; il allait et venait sur le bord, observant l'agréable situation du lieu et particulièrement le voisinage de la rivière. Elle avait rongé la terre en plusieurs endroits, et menaçait d'empiéter sur ses rives. « Quel dommage! dit Charles à haute voix, en considérant ces ravages regrettables. — Vous avez bien raison, mon ami, lui répondit M. M..., vieillard aux cheveux blancs, qui avançait la tête à travers les branches de lilas. Que voulez-vous? J'ai été absent plusieurs années ; mes domestiques se sont reposés, et ils ont laissé travailler la rivière. — Monsieur, le terrain que vous perdez ici ferait le bonheur d'une famille. — Et la rivière déborderait, mon ami, et le bonheur de la famille irait au fond du lac. — Oui, monsieur, à moins que le ciel ne vînt à son secours! »

Charles, en faisant cette réponse, avait regardé le vieillard d'un air doux, et sa figure naïve laissait voir assez clairement ce qu'il désirait. — Jeune homme, dit l'inconnu, vous avez bien parlé. Serait-ce pour vous-même que vous regrettez ces terres perdues? — C'est pour ma mère, qui est veuve, et pour ses enfants. — Et vous voudriez? — Les établir ici, monsieur, avec votre permission. — Et la maison? — Je bâtirais une cabane : voilà des roseaux. —

Faites! s'écria le voisin, à qui cette idée sourit par sa nouveauté. Mon ami, je vous autorise à fonder ici votre colonie. Je ne souffrirai pas qu'on vous en dispute la jouissance. Respectez ce qui est planté et semé ; vous voyez que ce bosquet en forme la limite : je mets le reste à votre disposition.

A ces mots, le vieillard disparut derrière les arbres, sans laisser à Charles le temps de le remercier. L'inconnu disait à haute voix en se retirant : « Les pauvres gens! une grève, une maison de roseaux! »

4. — Conseil de famille.

Aussitôt Charles courut chez sa mère, et lui conta ce qui lui était arrivé ; que la place de valet de chambre était déjà prise, mais qu'il n'y pensait plus, ayant trouvé, disait-il, des moyens d'existence pour la famille, un logement gratuit, un terrain au soleil, un rivage! Après le premier instant d'émotion, il s'expliqua mieux, et, si ce projet le séduisait, on peut juger combien il dut sourire au petit frère et aux petites sœurs. Tous sautaient de joie. Un pareil établissement fut, une fois au moins, le rêve de toute jeune tête. Isabelle, Juliette, André, jasaient à l'envi : « Je ferai ceci, je planterai cela. » Leur imagination prenait l'essor, et créait, du premier coup, un monde de merveilles. C'était un flux de paroles, un bruit, un tourbillon, au milieu desquels il n'y avait pas moyen de s'entendre.

« Tu vois, mon Charles, dit la veuve en souriant, l'émotion que tu as excitée dans ce petit monde : c'est que ton dessein est fait pour leur âge ; il n'est pas sérieux ; tu n'as pas prévu toutes les difficultés. — C'est possible, ma mère, mais ne me découragez pas, je vous en prie. Ces enfants se font une idée chimérique de mon entreprise ; veuillez, vous, ne pas en désespérer. Laissez-moi d'abord bâtir la cabane ; vous verrez ensuite s'il vous convient de l'habiter avec moi. Quand nous aurons un abri, j'entrevois bien des ressources, qui nous permettront de rendre peu à peu notre condition meilleure. — Va, mon enfant, je ferai tout ce que tu voudras, et tu ne m'auras pas donné vainement l'exemple de la confiance en Dieu. Si j'ai dû peut-être hésiter un moment, en pensant aux fatigues que tu te prépares, tout cède au désir de vivre avec toi. J'ai pleuré ce matin après ton départ ; je me voyais déjà séparée de mon fils. C'est pour exaucer mes prières que Dieu t'inspire l'idée d'une entreprise qui nous rapproche. Elle réussira peut-être d'autant mieux que la protection divine nous y sera plus nécessaire. »

5. — La cabane.

Pressé de se mettre à l'ouvrage, Charles ne perdit pas un moment. Il rassembla et mit sur une petite voiture à bras tous les outils et les matériaux dont il put disposer. Il voulait commencer son travail le lendemain au point du jour. Il y avait près d'une lieue de leur domicile à l'endroit où il devait s'établir. Il ne voulut prendre avec lui que son frère, et prévint sa mère qu'il ne reviendrait pas le soir, afin d'éviter de perdre en courses inutiles un temps précieux. André, tout fier d'être associé aux premiers travaux, fut prêt de grand matin, et se plaça derrière la voiture afin de pousser de son mieux. Charles prit en main le timon, en s'aidant d'une corde, qu'il se passa en écharpe autour des épaules. Ils partirent avant le lever du soleil.

Le premier soin du nouveau colon fut de recueillir le plus de roseaux qu'il pourrait. Heureusement personne ne l'avait devancé, et ne vint lui discuter cette précieuse récolte. Il ne l'aurait pas faite sans de grandes difficultés, s'il n'avait pas eu le bonheur de découvrir sous les saules une vieille petite barque, qu'on avait abandonnée dans ce lieu solitaire, comme étant hors d'usage. Charles la répara de son mieux, y planta quelques clous, et la remit à flot. Il n'aurait pu, sans doute, se risquer loin du bord sur une si mauvaise carcasse, mais elle pouvait lui suffire pour l'objet qu'il se proposait. Les roseaux sont chose légère, et ceux-ci étaient près de la rive. Charles se fit un aviron d'une branche de saule, et, muni d'une faucille, il se mit à l'ouvrage avec ardeur.

Malgré son désir de s'embarquer aussi, André dut rester au bord ; il aurait embarrassé et chargé le bateau inutilement. Il eut assez à faire, dès qu'il fallut transporter les roseaux jusqu'à la place que Charles avait choisie pour y construire la cabane.

A la nuit close, la récolte était loin de sa fin. Le jeune moissonneur, obligé de s'interrompre, éleva un abri provisoire, une sorte de tente, avec des roseaux et quelques perches, et les deux frères passèrent la nuit là-dessous, après avoir joyeusement soupé d'un morceau de pain bis. Le lendemain, ils recommencèrent leur travail au point du jour. Lorsqu'ils eurent enfin rassemblé tous les matériaux, Charles les mit en œuvre et commença sérieusement un travail fort semblable à ceux qu'il avait faits plus d'une fois en se jouant, pendant son enfance.

Il jugea prudent de réduire sa frêle construction à des proportions très-modestes, ne songeant qu'aux besoins les plus pressants, et persuadé qu'une fois établi avec les siens, il lui serait plus facile d'agrandir sa maison. Six mètres sur cinq lui parurent des dimensions suffisantes. Il avait apporté des lattes et des perches : ce furent les chevrons et les poutres du bâtiment. Après avoir planté en terre, aussi solidement qu'il put les premières colonnes, il y fixa des traverses, et, quand le châssis lui parut offrir un degré suffisant de solidité, il le couvrit d'une couche assez épaisse de roseaux, sur lesquels il appliquait extérieurement de longues baguettes liées de place en place aux premières.

Son frère allait de côté et d'autre à la recherche des osiers sauvages, des joncs, des clématites de haies, objets sans maître, parce qu'ils étaient sans valeur, et qui furent néanmoins très-utiles au jeune ouvrier, pour unir entre elles les diverses parties de son frêle édifice.

Il envoyait aussi quelquefois André chez leur mère, pour donner des nouvelles de leur travail. L'enfant rapportait quelques provisions, et ne manquait pas de s'extasier chaque fois à son retour, en voyant l'ouvrage avancer rapidement. En dix jours, Charles eut achevé la partie de la cabane qui, dans sa pensée, n'en devait former plus tard que la paroi intérieure. Il avait encore à faire un travail considérable, savoir, le revêtement extérieur, qu'il voulait élever à trente centimètres de la première cloison, afin de remplir tout l'intervalle avec de la mousse et des herbes sèches. Cependant le désir de recevoir chez lui le plus tôt possible sa mère et ses sœurs, joint à la crainte d'abandonner sans gardien cette construction fragile, le détermina à mander, sans autre délai, sa famille par le petit messager, en le chargeant d'expliquer de son mieux l'état des choses et les raisons qui rendaient désirable un prompt déménagement.

6. — Premier établissement.

Susanne n'avait pas besoin qu'on la pressât beaucoup ; d'ailleurs le terme de son bail était arrivé : il fallait vider la maison. Elle prit donc ses effets les plus nécessaires ; elle mit dans un panier ses petites provisions et se rendit au Rivage. C'était le nom, déjà choisi, de la petite colonie. Isabelle et Juliette, transportées de plaisir, gambadaient devant leur mère. Lorsque la pauvre femme vit de loin l'œuvre de son fils, elle eut le cœur serré tout à la fois de compassion et de tendresse. Charles, qui vint au-devant d'elle, disait en riant, pour déguiser sa confusion : « Voici notre château ; il est encore un peu à claire-voie. Heureusement les nuits ne sont plus aussi fraîches ; prenez patience, ma mère, vous serez bientôt mieux logée. »

Le déménagement ne fut pas long ; quatre voyages de la petite voiture y suffirent. Si étroite que fût la modeste case, on y logea facilement toute la fortune de la famille. Le soir, pendant le premier souper qu'on y fit, Isabelle, au comble de la joie, s'écria : « Nous voici comme Robinson dans son île déserte. — Non pas, dit André, Robinson était seul : nous sommes bien plus heureux que lui. — Et puis, dit Juliette, nous ne sommes pas dans une île déserte, mais dans notre pays, au bord de notre lac ! — Où nulle chose ne nous appartient, dit tristement la mère, pas même le sable sur lequel on nous a permis d'élever cette cabane. Cependant il faudra songer à vivre. Moi, mes enfants, j'ai toujours mon rouet ; il ne tournera pas moins bien sous les roseaux que sous la tuile, et, s'il plaît à Dieu, l'ouvrage ne manquera pas ; Isabelle, qui se fait grande, s'occupera du ménage, et nous tâcherons d'utiliser la bonne volonté d'André et de Juliette. Charles est notre bras droit ; c'est chez lui que nous sommes : c'est principalement sur lui que je compte pour l'entretien de la colonie. »

Alors Charles exposa ses projets et son plan de conduite. Pendant qu'il construisait la cabane, sa jeune tête avait travaillé ; il voyait devant lui une longue suite d'entreprises, dont l'idée le réjouissait par avance. Ce récit les fera connaître chacune en son temps. On verra comment, secondé par une mère sage et patiente, par un frère et deux sœurs dociles, il réussit à fonder un établissement, qui aurait comblé les désirs de la veuve et de ses enfants, si la possession n'en avait pas été absolument précaire. Susanne disait quelquefois en soupirant : « Nous ne sommes pas comme Robinson dans son île, mais comme les passereaux sous le toit de l'homme ; si l'homme ne veut plus de nous, il peut nous faire déloger quand cela lui plaira. »

7. — Projets de conquêtes.

Charles avait mille choses à faire ; il s'appliqua d'abord à reconnaître quelles étaient les plus pressantes, afin de s'y attacher avec persévérance. S'il eut d'heureux succès dans la suite de ses travaux, ce fut entre autres, parce qu'il prit l'habitude de faire toute chose en son temps, sans la quitter pour une autre, qui l'attirait davantage, mais qui pouvait se différer avec moins d'inconvénients.

Son projet étant d'agrandir, autant que possible, son territoire, en reprenant au lac et à la rivière ce qu'ils avaient emporté, il se hâta de planter, avec l'autorisation du maître, et avant que la saison fût plus avancée, des boutures de saules, prises sur les arbres du Rivage. Cette plantation, favorisée par l'humidité du sol, ne tarda pas à prospérer. Trois rangées de saules marquèrent la limite à laquelle Charles voulait réduire les eaux dans la suite, en essayant de leur dire : « Vous n'irez pas plus loin. » Pour le moment elles ne semblaient point disposées à l'obéissance, et elles baignaient impunément la plupart des boutures.

8. — La cabane devient habitable.

Charles s'occupa ensuite de la cabane, qu'il ne pouvait pas laisser plus longtemps réduite à une simple cloison. Si le vent et la pluie ne s'étaient pas modérés, pendant quelques jours et quelques nuits, en faveur de la veuve et des enfants, ils auraient eu beaucoup à souffrir sous leur toit de roseaux. La saison était favorable à un premier établissement. On faisait la cuisine en plein air. La mère couchait avec ses filles dans le seul lit que la famille possédât. On y suspendit, en guise de rideaux, une pièce de toile, produit des épargnes et du travail de la mère, et qu'elle se proposait d'employer plus tard pour les besoins de la famille. En attendant, ce fut un abri de plus contre le vent et la fraîcheur de la nuit. Charles et André, qui voulaient s'aguerrir, couchaient tout simplement sur des feuilles sèches, amassées dans un coin et retenues par une petite claie qu'ils avaient élevée à l'entour. Là ils reposaient côte à côte, enveloppés de la même couverture, et, si l'on pouvait être mieux couché, on ne pouvait pas mieux dormir.

Cependant le mauvais temps était à craindre ; nos gens ne devaient pas être sans inquiétude pour l'avenir, tant qu'ils ne seraient pas mieux abrités. Charles s'occupa donc de cette affaire importante. Le lac avait donné ses roseaux, la rivière eut des joncs au service du jeune architecte. Il éleva, selon ses projets, autour de sa première construction, une seconde paroi, en s'y prenant de la manière suivante : Il planta autour de la cabane, à la distance de trente centimètres, une rangée de baguettes longues et menues, qu'il appuya contre l'avant-toit, où il les fixa aussi solidement que possible. Elles étaient à quinze centimètres les unes des autres. Ensuite il entrelaça les joncs dans ces baguettes, à la façon des vanniers, les joncs se trouvant ainsi couchés horizontalement. A mesure qu'il élevait cette seconde cloison, commencée par le bas, Charles garnissait tout l'intervalle entre l'une et l'autre avec de la mousse, que son frère et ses sœurs l'avaient aidé à recueillir dans les forêts voisines.

Ce qui donna le plus de peine à Charles, ce fut la porte et la fenêtre. Cependant deux planches, unies par trois traverses de bois, formèrent la porte ; deux bandes d'un cuir épais la fixèrent au montant avec des clous. Un verrou de bois à l'extérieur et un autre à l'intérieur tinrent lieu d'abord de serrure et de loquet. Quelques lattes croisées figurèrent le châssis, et six feuilles de papier huilé les vitres de la fenêtre. Elle était aussi portée par deux morceaux de cuir.

Ces bonnes gens, si pauvrement logés, riaient doucement à leur indigence et s'applaudissaient de faire tous les jours quelques progrès. Ne soyons pas trop surpris de leur joie ; moins on possède, plus on espère, et les biens attendus sont ceux dont on jouit le mieux. « Si nous étions à plaindre, disait la mère, des milliers d'hommes le seraient plus que nous, car il y a des nations entières chez lesquelles personne n'est mieux logé, et nous avons le rare avantage d'habiter le pays le plus beau et le climat le plus doux. Mes enfants, combien nous ferions envie aux nègres d'Afrique et aux Lapons de Suède! »

La famille pouvait donc veiller maintenant autour de la table, sans voir la lampe vaciller au souffle de tous les vents. Pleuvait-il, Charles levait de temps en temps les yeux en haut, pour observer la toiture, et s'applaudissait d'avoir su fermer le passage à la pluie. Tout à coup une goutte d'eau tomba sur la mèche, et la lampe s'éteignit. Charles se mit à rire ; toute la famille en fit autant. « Voilà, dit-il, ce qui s'appelle une bonne correction de l'orgueil. » Le lendemain, il doubla son toit ; il étendit sur les roseaux de la paille serrée, en imitant ce qu'il avait vu faire pour couvrir les chaumières. Nos gens se trouvèrent dès lors à l'abri de la pluie aussi bien que du vent.

9. — Un fourneau.

Jusqu'alors ils avaient fait la cuisine en plein air. Un jour le temps fut si mauvais, qu'on essaya d'allumer du feu au milieu de la cabane. Cela n'était pas sans danger, et puis la fumée ne trouvait d'issue que par la porte et la fenêtre : on n'y tenait pas.

Charles avait prévu cet inconvénient, et il avait fait provision de pierres plates, recueillies surtout au bord du lac ; il avait découvert un gisement de terre glaise ; il ne lui manquait rien pour construire un fourneau de cuisine ; mais comment donnerait-il passage à la fumée? Acheter des tuyaux de fer, il n'y fallait pas penser ; on devait ménager soigneusement les petits sous gagnés avec le rouet, et par d'autres moyens dont nous parlerons plus tard en détail. Avant tout, il fallait du pain, et, quoique la colonie se réduisît à la plus simple nourriture, elle n'avait pas toujours ce que bien des pauvres croient nécessaire. Charles se disait donc en allant et en venant : « Comment ferai-je la cheminée? »

Un jour il vit, dans le voisinage, des ouvriers qui établissaient un nouveau canal pour une fontaine ; l'ancien était en tuyaux de grès, qu'on remplaçait par une conduite de plomb. Il remarqua avec chagrin qu'on avait déjà brisé plusieurs de ces tuyaux, en les jetant au chemin, comme des objets inutiles. Un ouvrier allait traiter sans plus de ménagement celui qu'il tenait à la main, lorsque Charles lui dit : « Donnez-le-moi plutôt, je peux en tirer quelque service. » En effet, le diamètre avait une dimension plus que suffisante. On lui dit d'en prendre autant qu'il voudrait. Fort content de cette trouvaille, il emporta chez lui son trésor, et il se mit aussitôt à l'ouvrage.

Cette construction qui rappela, il faut le dire, les plus grossiers essais dans ce genre, aurait pu tout aussi bien s'appeler un poêle ou une cheminée qu'un fourneau. La base ou le foyer, assez large, formait en avant une saillie, sur laquelle on pouvait tirer la braise au besoin. L'ouverture se fermait à volonté, en tout ou en partie, à l'aide d'une pierre plate et mince, qu'on poussait de côté si l'on voulait voir le feu ou rendre le tirage moins fort. Mise en place, elle donnait passage à l'air par une étroite échancrure du bord inférieur. Les côtés du fourneau se composaient de deux petits murs en assises de pierres égales, unies au moyen de l'argile ; le mur du fond était un peu plus fort. Une large pierre de grès tendre recouvrait le tout. Charles y pratiqua, non sans peine, deux ouvertures, à l'aide d'un ciseau à pierre. L'une fut taillée à la mesure de la marmite, et l'autre à celle du tuyau de grès, destiné à former la cheminée. Les autres tuyaux, ajustés sur le premier, furent garnis de glaise aux jointures. Pour plus de solidité, des fils d'archal, fixés dans la cloison, embrassèrent le canal de distance en distance. Un des pots s'éleva au-dessus du toit, à la façon d'une cheminée. Pour diminuer dans l'intérieur le danger du feu, Charles, avant de construire le fourneau, avait élevé par derrière, jusqu'à une certaine hauteur, un revêtement de pierre et de glaise contre la paroi de roseaux.

Quand l'ouvrage fut achevé, on en fit l'essai, et il réussit beaucoup mieux que le maçon ne l'avait espéré. Avec quel plaisir on vit briller la flamme! Comme on fut charmé, quand on reconnut que la fumée prenait la bonne route! Les enfants coururent dehors, pour la voir s'élever au-dessus de la chaumière. André fut si ravi à ce spectacle, qu'il en poussa des cris de joie et se jeta au cou de son frère ; la mère et les sœurs l'embrassèrent à leur tour, et Charles dit : « Me voilà bien payé de ma peine! »

Dès ce moment la famille Baudry se crut logée tout de bon. Elle pouvait goûter les plaisirs du foyer. Charles avait construit le fourneau : les petits se chargèrent de procurer le bois. Il y avait dans le voisinage plus d'une forêt où les pauvres gens avaient la permission de ramasser le bois mort : André et ses sœurs les parcouraient souvent. D'ailleurs le lac et la rivière apportaient sans cesse quelques débris flottés, qui appartenaient au premier occupant, et nos gens étaient placés on ne peut mieux pour jouir de cet avantage ; ils eurent donc bientôt une provision de bois, qu'ils empilèrent derrière la cabane. Le toit formait, de ce côté, une large saillie, soutenue par quelques appuis : c'était la remise et le bûcher.

10. — Les nasses.

Charles tourna ensuite ses vues du côté du lac. En effet, l'eau pouvait, mieux que la terre, lui offrir de promptes ressources. Il espérait bien mettre plus tard à contribution l'un et l'autre élément, mais il voulut essayer d'abord de la pêche. Il ne pouvait songer pour le moment à la pêche au filet ; il aurait fallu payer une ferme, avoir un meilleur bateau, et consacrer à cette occupation plus de temps qu'il n'en avait alors. Il se borna donc à construire quelques nasses d'osier sur le modèle d'un de ces pièges, qu'il trouva délaissé dans les roseaux. Il réussit aisément, parce qu'il était patient et appliqué ; d'ailleurs il s'était souvent exercé aux ouvrages de vannerie. Bientôt il eut cinq nasses couchées à l'embouchure de la rivière, et en d'autres places qu'il jugea favorables. Ces nasses étaient autant d'ouvrières, qui travaillaient fidèlement en l'absence du maître. Chaque matin il allait voir quelle besogne elles avaient faite, et souvent elles lui donnaient du poisson. S'il était beau et de valeur, la mère allait le vendre : nouvelle ressource, qui diminuait un peu la gêne où vivaient encore nos colons. Le poisson trop petit, ou de qualité inférieure, régalait la famille. Un morceau de pain et quelques goujons semblaient un souper délicieux.

11. — Les récoltes du pauvre.

André, Isabelle et Juliette, nés avec un bon naturel, et déjà disposés à seconder du mieux qu'ils pouvaient leur mère et leur frère, prirent un zèle bien plus grand pour le travail, quand ils se virent établis selon leur goût, et qu'ils purent juger chaque jour, par leurs propres yeux, du progrès de leurs affaires domestiques. Ils y contribuèrent sensiblement, et l'on s'étonne, quand on passe en revue le grand nombre de choses qu'ils pouvaient recueillir, parmi celles qui n'ont point de maîtres, ou que l'usage abandonne aux pauvres gens. Tous les lieux, toutes les saisons, payaient leur tribut à ces petits moissonneurs, et tantôt leur mère ou eux-mêmes vendaient le produit de leur tournée, tantôt ce qu'ils avaient recueilli servait directement à l'entretien du ménage.

Dès le printemps ils cueillaient sur la lisière des bois, ou le long des chemins et des sentiers, la violette, la primevère, le muguet, l'anémone et d'autres fleurs, dont ils faisaient des bouquets qu'ils vendaient à la ville. Sous la direction de leur mère, ils apprirent à connaître une foule de plantes médicinales, qu'un pharmacien consciencieux ne leur achetait pas à trop vil prix. Au commencement de la belle saison, avant que l'herbe des prairies se soit trop élevée, on permet aux femmes et aux enfants d'y cueillir la chicorée sauvage : nos petits ouvriers étaient infatigables à ce travail, et remplissaient des paniers de cette herbe, aussi délicate dans sa nouveauté qu'elle est salutaire. Les bonnes soupes que Susanne en faisait pour la famille! Ils trouvaient dans les champs une autre espèce de chicorée, qu'on ne recherchait pas moins, et la mâche qui fait de si bonnes salades ; ils cueillaient au bord des eaux le cresson, dans les prés l'oseille sauvage, le long des haies les tiges encore tendres du houblon, et jusqu'aux pointes des jeunes orties. Les taillis, les clairières des bois, leur donnaient les morilles et les champignons.

Un champ de blé était-il ouvert aux glaneurs, Isabelle et les deux petits jumeaux s'y trouvaient toujours les premiers et les derniers. Leurs glanures étaient de véritables moissons. Ils récoltaient encore d'autres graines, que la main de l'homme n'a pas semées, et sur lesquelles ils avaient un plein droit, par exemple, le plantain et la bourse à pasteur, que les serins des Canaries mangent avec tant de plaisir. L'amusement que les citadins trouvent à tenir captifs ces jolis étrangers, valait quelques petits sous aux habitants du Rivage.

Même au milieu des pays cultivés, le pauvre a son verger dans les bois, les montagnes et le long des chemins. Il y récolte sans maraude des fruits qui lui rapportent un peu de pain. Les montagnes voisines offraient aux enfants de

Susanne les fraises, les framboises, les myrtilles ; ils ne dédaignaient ni l'épine-vinette, que les confiseurs leur achetaient volontiers, ni la mûre des haies, qu'ils portaient aux pharmaciens. Ils s'élevaient quelquefois plus haut, et recueillaient les baies du genévrier. Les environs leur donnaient en abondance la noisette, la châtaigne sauvage et plusieurs autres fruits. Sur les montagnes, le pin se dépouillait pour eux de ses pommes résineuses ; ils emportaient des sacs tout pleins de cette richesse, si précieuse pour le foyer.

Des travaux plus importants ne permettaient pas à Charles la pêche à la ligne ; mais, lorsque André sut bien nager, ce qui ne tarda guère, on le laissa pêcher aux heures et dans la saison où l'on savait qu'il ne perdrait pas son temps. Ces jours-là, il fournissait de petits poissons la table de sa mère. Il allait aussi avec ses sœurs pêcher les écrevisses, dans un ruisseau peu éloigné. Ils avaient même plus d'une sorte de chasse, sans permis, sans fusil et sans chien. Après la pluie, ils ramassaient des paniers d'escargots, dont ils trouvaient à la ville le débit assuré, parce qu'on en fait un bouillon salutaire dans certaines maladies ; ils fourrageaient dans les bois les fourmilières et enlevaient les œufs impitoyablement, pour les vendre aux amateurs de serins, ou pour nourrir des perdreaux et des cailles. André aurait bien voulu faire aussi la guerre aux nids d'oiseaux ; mais sa mère, qui lui abandonnait les fourmis, comme ennemies de l'agriculture, lui avait fait promettre de ne pas troubler ces familles innocentes, qui nous récréent de leurs chansons, et qui défendent les récoltes contre une foule d'insectes pillards.

André et ses sœurs firent mieux encore : ils se mirent au service de la science. Dirigés par un naturaliste, qui les employa, ils attrapèrent des insectes de mille espèces, et particulièrement des papillons ; ils apprirent à soigner, à ménager leurs proies les plus délicates ; ils contribuèrent à former plus d'une collection, qui naissait sous la main d'un écolier ; ils enrichirent même le musée de la ville. Chacune de leurs sorties était donc utile à la petite communauté. En même temps qu'ils faisaient de joyeuses promenades, ils recueillaient quelques objets de commerce ou quelques provisions.

Cependant leur mère ne les voyait pas sans inquiétude s'éloigner de la cabane, surtout quand ils allaient au bois ou à la montagne. Son imagination, que la tendresse rendait craintive, lui figurait tous les dangers que des enfants si jeunes pouvaient courir. Susanne leur recommandait de rester toujours ensemble, d'éviter les précipices et tous les endroits dangereux, de ne pas provoquer la colère des animaux malfaisants ; elle les avertissait encore de ne faire aucun dommage aux plantations, aux fruits, aux clôtures. Elle leur disait : « On déteste avec raison les petits maraudeurs ; ils s'exposent quelquefois à de rudes châtiments. Si, au contraire, on vous connaît dans le pays pour des enfants honnêtes, on vous aimera, on vous protégera, et, lorsqu'un méchant essaiera de vous nuire, on vous défendra. » La pauvre femme avait lieu de croire ses enfants dociles ; cependant chaque fois qu'ils s'éloignaient de la chaumière, elle les suivait des yeux tristement et les recommandait au Seigneur.

Avec le temps, les petits grandirent, et les alarmes de Susanne diminuèrent. Elle n'eut jamais lieu de regretter d'avoir confié sa jeune famille à la bonne Providence. L'enfant pauvre est sans doute exposé à des accidents auxquels on peut dérober l'enfant riche ; mais celui-ci court d'autres dangers, qui ne sont pas moindres. Souvent, trop de précautions prises pour lui l'amollissent, et le rendent poltron et maladroit ; on lui fait éviter quelques périls, mais il ne saura pas résister aux accidents imprévus, tandis que l'enfant pauvre s'en tire habilement, parce qu'il a exercé de bonne heure sa vigilance, sa force et son courage.

12. — La cabane s'embellit.

Chaque fois qu'un des membres de la famille revenait au logis, il était réjoui à la vue de la petite cabane. Il est vrai que la situation en était charmante, et semblait faite exprès. Une chose mise à sa place double de prix ; la chaumière parait le Rivage, comme le Rivage la chaumière. Les joncs, qui formaient la paroi extérieure, avaient pris une teinte brune, par l'effet du soleil et de la pluie, et cette couleur sombre se mêlait agréablement à la verdure des plantes qui s'élevaient de tous côtés, grimpaient sur le toit, se cramponnaient aux aspérités de ses deux pentes rapides, et retombaient en festons. C'étaient les pois de senteur, les liserons, les houblons, les clématites, en attendant la vigne, plus lente à établir, et qui promettait déjà une décoration non moins gracieuse et plus utile. La provision de bois, soigneusement empilée, flanquait et appuyait la chaumière au nord ; sous l'avant-toit, des traverses portaient quelques plantes sèches avec leurs graines, des outils et des bois de travail, réservés pour les besoins à venir.

13. — Nouveaux habitants.

Dès la première année, un heureux hasard permit de recevoir sous cet abri une nouvelle famille errante et sans asile. Un essaim d'abeilles vint s'abattre sur un buisson du Rivage, et semblait demander l'hospitalité. Quoique sans expérience, Charles, en affrontant quelques piqûres, le secoua courageusement, et le reçut dans une boîte qui se trouva sous sa main, et dont il avait fait une ruche en ôtant le couvercle. Une entaille dans le bord servit d'entrée. Il sauva ainsi un bien perdu, dont il ne put, malgré ses recherches, découvrir le maître. C'est que les essaims s'envolent quelquefois à des distances considérables, et celui-ci pouvait d'ailleurs appartenir à des abeilles sauvages. Quoi qu'il en soit, l'essaim voyageur s'accommoda fort bien de la domesticité sous le toit de nos amis. Charmés de ce premier succès, ils voyaient déjà, en espérance, tout le devant de la cabane garni d'une rangée de ruches. « J'en saurai faire de paille, disait Charles ; je les munirai de capuchons, que nous enlèverons dans la saison, pour nous payer de nos avances et de nos soins. Nous prendrons ainsi notre part du miel, sans tuer les abeilles. » Ces espérances se réalisèrent peu à peu ; la première ruche fut la mère de plusieurs autres ; la cabane était protégée du ciel, et la colonie des abeilles y prospéra comme celle de la veuve : ce fut encore une précieuse ressource.

14. — Le Rivage.

Nous avons dit que le lieu où se trouvait la chaumière s'accordait parfaitement avec cette case rustique : il offrait, comme elle, un mélange de beautés agrestes et gracieuses. Quelques roches, qui s'élevaient dans la partie supérieure, y formaient une clôture naturelle, et séparaient le Rivage des bosquets du voisin ; le sol était partout graveleux, excepté dans la partie orientale, c'est-à-dire le long de la rivière. L'ensemble formait un carré long, de figure irrégulière, le bord du lac étant plus étendu que le haut du terrain, et le cours de la rivière que la limite occidentale, par où l'on arrivait depuis le grand chemin. La pente, d'abord un peu rapide, s'adoucissait par degrés, et devenait enfin peu sensible.

La plage étant peu profonde, quand le lac s'agitait, les vagues se brisaient de loin, et roulaient bruyamment jusqu'au bord leur blanche écume. Le peu de profondeur du lac, en cet endroit, amenait une grande différence entre la limite des eaux en hiver, où elles sont basses, et en été, époque de leur plus grande élévation. Lorsque Charles vit, dans l'arrière-saison, le lac diminuer, il se dit : « Si je pouvais une fois le repousser tout de bon, combien de terres gagnées, que je saurais fertiliser! » Mais il comprit, par le mauvais succès de ses devanciers, que le moyen de faire des progrès durables contre un tel adversaire était de les faire lentement et de gagner le terrain pied à pied.

En effet, on voyait dans l'espace à conquérir quatre vieux saules, derniers vestiges d'anciennes plantations, faites sans doute dans des vues pareilles à celles que Charles avait formées. La terre avait lutté contre l'eau, et avait été vaincue. Ces arbres tortueux, déchirés, rongés jusqu'à l'écorce, et couverts de plantes étrangères, qu'ils nourrissaient de leur poudre, étaient comme des trophées du lac victorieux. Ils n'attendaient qu'un orage pour succomber à leur tour. Cependant les nouvelles boutures s'élevaient à leur pied, comme rangées en bataille, pour soutenir des combats qui seraient peut-être plus heureux. Chaque tige avait déjà produit de jeunes pousses, qui, balancées par le moindre vent, riaient à l'œil du jeune colon, lorsqu'il sortait de sa cabane.

15. — Charles lutte contre la rivière.

Le long de la rivière, une large bordure de gazon couvrait une terre fertile, et il était facile de reconnaître aux profonds déchirements du sol, que cette bordure avait été beaucoup plus large encore. Des bouquets d'aulnes, noyés dans des flaques d'eau, ou séparés du bord par des fondrières, avaient manifestement appartenu au rivage ; la violence des eaux les en avait séparés, et ces ravages menaçaient de s'étendre plus loin, si l'on n'y portait pas remède.

En observant l'état des lieux, Charles s'assura qu'il pourrait, avec des efforts et de la persévérance, réparer le dommage et l'arrêter. Les terres enlevées par la rivière et repoussées par le lac, avaient formé, à quelque distance de l'embouchure, une barre, qui, gênant l'écoulement des eaux, les retenait en amont, même pendant l'hiver, quand celles du lac étaient basses. A cette époque, si la barre pouvait disparaître, beaucoup de terres demeureraient à sec, et prendraient de la solidité. Alors on pourrait exécuter plus facilement les travaux nécessaires, pour enlever définitivement à la rivière ce qu'elle avait pris.

Charles comprit toutes ces choses, et il vit bientôt en quel temps et de quelle manière il devait agir. Quand le lac eut commencé à décroître, il fit une saignée profonde au milieu de la barre. Son vieux bateau lui servit à voiturer jusqu'au bord ces terres grasses et limoneuses. Elles avaient nourri jusqu'alors des roseaux, qui croissaient merveilleusement dans ce sol fertile : elles allaient bientôt produire de plus riches récoltes. Ce que Charles avait prévu arriva : les eaux s'écoulèrent. Quand celles du lac furent descendues à leur plus bas niveau, réduisant la rivière à ses véritables limites, il planta, le long du bord, des branches de saules, d'aulnes, de peupliers, arbres amis des terres pleines d'eau. Ces branches prenant racine, deviendraient des arbres, et comme elles étaient plantées fort serrées, elles devaient, en grossissant, former une barrière puissante capable de résister aux assauts de la rivière dans ses grandes crues ; en attendant, Charles coucha intérieurement, contre les boutures, force branchages, afin de retenir les terres qu'il allait verser derrière ce rempart.

C'est de quoi il s'occupa ensuite, et ce fut un ouvrage de longue haleine : cependant il était achevé à la fin de l'hiver. La barre avait disparu ; Charles l'avait transportée tout entière sur son territoire, avec sa petite voiture. Heureusement le rouet n'avait pas cessé de tourner pendant ce temps-là ; les petits avaient travaillé et les nasses attrapaient tous les jours quelques poissons. Charles avait pu continuer son ouvrage sans l'interrompre : c'est ainsi que s'obtiennent les grands succès.

16. — Soucis d'avenir.

Il était bien joyeux de voir ses travaux avancer et le domaine s'agrandir. On l'entendait siffler ou chanter en faisant son ouvrage. Sa mère ne pouvait lui faire prendre aucun repos. Un témoin, presque toujours invisible, le suivait avec intérêt, et ne souhaitait pas moins que les Baudry eux-mêmes l'heureux succès de leur entreprise. Pendant son travail, Charles aperçut un jour, à travers les plantes vertes du bosquet, le vénérable M. M…, qui lui fit un signe d'approbation, sourit et disparut. Le jeune garçon l'avait salué respectueusement ; il aurait fort désiré que l'entrevue se fût prolongée, et que son riche voisin eût enfin daigné s'expliquer clairement sur ses intentions bienveillantes ; quelques paroles auraient pu lui donner une grande sécurité. Mais n'était-il pas visiblement protégé par cet homme de bien? Son silence ne valait-il pas mieux que les discours des autres? « Il est juste et bon, disait Charles ; il me laissera jouir paisiblement du fruit de mes travaux. »

La bonne Susanne n'avait plus la naïve confiance que donne la jeunesse ; elle était moins tranquille que son fils. Dans les rares moments de loisir qu'elle s'accordait, assise aux rayons du soleil, devant la cabane, elle regardait Charles aller et venir avec sa voiture vide ou pleine, et se disait tristement qu'il travaillait peut-être pour d'autres que lui. A supposer que la rivière respectât son ouvrage, le caprice d'un homme suffirait pour qu'il en perdît tout le fruit. Elle ne put s'empêcher d'exprimer plusieurs fois ses craintes à son fils ; elle lui conseillait d'appliquer à un autre objet ses forces et son activité. « Ne dressons dans ce lieu qu'une tente, disait-elle ; nul établissement n'est solide sur le sol étranger ; nous sommes ici des oiseaux de passage : les mauvais jours viendront, qui nous forceront de prendre le vol, et de chercher un autre gîte. » Charles répondait : « Mère, ne m'ôtez pas le courage ou peut-être les illusions dont j'ai besoin. Je me suis attaché à ce rivage : ne me faites pas entrevoir qu'il faudra peut-être le quitter un jour. Eh! pourquoi ne nous laisserait-on pas ici à l'avenir, comme on nous y laisse aujourd'hui? Voici bientôt une année que nous y sommes, et, bien loin que notre présence paraisse le gêner, le voisin se prête avec bonté à tout ce que je veux entreprendre. Je ne peux croire qu'il attende le moment où j'aurai achevé ces travaux pour me dépouiller. Il faudrait pour cela qu'il fût bien méchant, lui qui paraît si bon. D'ailleurs le voisin est intéressé à me laisser jouir sans trouble d'un fonds que j'améliore tous les jours, et j'ai encore de l'ouvrage pour bien des années. Jusque-là on nous laissera tranquilles. C'est déjà beaucoup, ma bonne mère, car, en attendant, je vous aide, et je suis heureux. — Et quand tu auras consacré à ces travaux une bonne partie de ta jeunesse, on peut te dépouiller tout à coup. — Cela peut se faire, mais il peut arriver aussi qu'on soit plus juste et plus humain. Laissez-moi l'espérer. Quoi qu'il arrive, nous aurons vécu sous le même toit ; nous aurons élevé mes sœurs et mon frère. — Je conviens, dit la veuve, que beaucoup de gens n'ont pas une existence plus assurée. Combien de familles vivent d'une place, que le père occupe aujourd'hui, et qu'une révolution ou le caprice d'un supérieur peut lui ôter demain! Si donc je ne pensais qu'à moi, mon bon Charles, à tes sœurs et à ton frère, j'accepterais tranquillement la douce vie que tu veux nous faire : c'est pour toi que je m'inquiète, c'est toi qui te dévoues, et, puisque tu oublies tes intérêts, il faut bien qu'on y pense pour toi. — Je les oublie moins que vous ne croyez. En travaillant comme je fais, j'apprends tous les jours quelque chose. Forcé de chercher en moi toutes mes ressources, je deviens adroit, inventif, entreprenant : qualités précieuses, que je ne laisserai pas au Rivage, si je dois le quitter. D'ailleurs, si je n'ai fait que semer jusqu'à présent, nous allons bientôt recueillir ; nous ne tarderons pas à cultiver un jardin ; ce sera pour moi un nouvel apprentissage. Le bon Jardinier, que je possède, votre expérience, les conseils de quelques voisins seront mes guides. Le temps approche, ma mère, où vous porterez au marché de beaux légumes et de beaux fruits. Voyez comme cette terre est grasse et fertile. L'eau ne nous manquera pas. Après avoir empêché qu'elle ne nous nuise, nous l'obligerons de nous servir. »

Le jeune homme réussit, dès ce temps même, à faire travailler la rivière pour lui. Il en détourna les eaux, quand celles du lac furent basses, et les fit passer par un long détour sur le sol du Rivage, en rendant la pente presque insensible. L'eau dormante déposait, où notre, jeune colon le voulait, la terre limoneuse dont elle était souvent chargée. Charles y trouvait un double avantage : il empêchait la barre de se reformer, et il élevait insensiblement le sol du petit domaine. Ce procédé fut lent, mais il était sûr, et cela n'empêchait pas l'industrieux ouvrier de travailler de son côté, pour élever le niveau du terrain. Ayant vu les bords de la route couverts, à une grande distance, de terres extraites des fossés, il offrit aux cantonniers de les enlever ; il en eut la permission, et dès lors il ne cessa de transporter au Rivage toutes les terres qui furent ainsi mises à sa disposition.

17. — La truite.

Il entremêlait ces travaux pénibles d'occupations plus agréables. C'était toujours un plaisir pour lui de lever les nasses. Il le partageait quelquefois avec son frère et ses sœurs, depuis qu'il avait mis la barque en meilleur état. Par une belle matinée d'automne, il les avait menés tous trois avec lui. Les enfants aimaient beaucoup ces petites promenades, et, pour être admis à les faire, ils ne s'y permettaient aucun mouvement brusque et dangereux ; cependant, ce jour-là, lorsqu'ils virent la nasse dans le bateau, et, dans la nasse, une belle truite de six livres, qui faisait des sauts désespérés, ils sautèrent eux-mêmes de joie, et firent balancer le bateau, tellement que Juliette perdit l'équilibre, et serait tombée dans l'eau, sans le prompt secours de son frère. On revint en triomphe. « Que ferons-nous de ce beau poisson? dit la mère. — Eh! nous le vendrons sans doute, dit André, en soupirant. — Non, mon ami, nous ne le vendrons pas, nous le donnerons. — A qui donc, s'il vous plaît? — A notre bon voisin. — J'y pensais, dit Charles, et depuis longtemps je souhaitais d'avoir quelque chose dont on osât lui faire hommage. Nous enverrons Isabelle et Juliette présenter cette offrande. » Aussitôt dit, aussitôt fait. On coucha la truite sur un linge blanc dans une corbeille d'osier, ouvrage du petit frère. Les deux sœurs mirent leurs meilleurs habits, et se rendirent chez le vieillard. Elles furent très-bien reçues ; il les remercia lui-même avec bonté, et se garda bien de reconnaître d'abord leur politesse autrement que par un accueil gracieux ; mais, quelques jours après, il envoya à ses voisins une simple et bonne pendule, avec cette devise sur le socle :

Je mesure le temps pour qui sait l'employer.

Jusque-là nos colons ne s'étaient servis que d'un cadran solaire, horloge bien imparfaite, que Charles avait établie sur le devant de la cabane, et que le voisin avait probablement remarquée. Un cadran solaire ne mesure que les heures où le soleil brille, et l'on peut juger si la pendule fut bien reçue!

A quelque temps de là, ayant vu Charles transporter chez lui les terres nouvellement fournies par le cantonnier, M. M… proposa au fils de Susanne beaucoup mieux que cela. Il avait dessein d'ouvrir dans sa campagne de nouvelles allées ; il en avait déjà fait le tracé lui-même : « Enlevez, dit-il à Charles, toute la bonne terre, à la profondeur qu'il vous plaira ; vous la remplacerez par du gravier et du sable : nous y gagnerons tous deux. » Le jeune garçon accepta avec reconnaissance et se mit sur-le-champ à l'ouvrage. Il eut encore de quoi s'occuper longtemps ; les allées étaient longues et larges ; la terre se trouva bonne presque partout, à la profondeur d'un ou deux mètres : il n'en voulut rien perdre. Et que pouvait-il faire de plus avantageux à la petite colonie? Par ce moyen, toute la partie supérieure du Rivage fut renouvelée. Charles y put travailler tout l'hiver, car, sur la rive du lac, il est rare que la mauvaise saison soit assez rigoureuse pour interrompre les travaux de la terre.

18. — Premières cultures.

Au printemps, nos colons eurent donc, au bord de la rivière, un potager, placé dans la meilleure exposition, et formé d'un terrain d'alluvion, où les choux et les laitues devaient venir à souhait. Cette partie des terres déjà propres à la culture se composait de trois cent cinquante mètres carrés. Il y en avait près de six cents dans la partie supérieure. Au pied des rochers, et sur une largeur de cinq mètres, Charles planta de la vigne. Les sarments tombés des treilles du voisinage propagèrent chez lui le muscat blanc et le rouge. Rien ne convenait mieux à un jardinier, qui voulait vendre le fruit, et non faire du vin. Tout le reste fut d'abord planté en pommes de terre et semé en légumes.

Une cloison de roseaux protégea le jardin contre le vent du nord. André fit cet ouvrage sous la direction de son frère, qui se chargeait de travaux plus difficiles et plus pénibles. Au reste, tout le monde était occupé dans la colonie. Susanne, heureuse de voir ses enfants autour d'elle et contents de leur sort, retrouva des forces et de la santé. Trop souvent dispersés jusqu'alors, les membres de la famille étaient maintenant réunis pour les soins de la plantation et de la culture. C'est l'avantage des travaux champêtres, d'occuper tous les âges, et de fournir à chacun un emploi convenable de ses forces. Cela fait assez voir combien ces travaux sont propres à donner le bonheur.

Le père avait laissé quelques outils : on put donc éviter d'abord des dépenses ruineuses. Pendant les veillées d'hiver, Charles avait fabriqué tous ceux où le bois peut suffire. De plus, il tira parti de quelques vieilles ferrailles, qu'il reforgea de son mieux, et qu'il emmencha lui-même. Le campagnard qui possède une scie, une hache, un rabot, un marteau, des tenailles, peut se fournir lui-même de bien des choses, s'il ne manque pas de patience et d'adresse. Susanne disait à son fils : « A part l'accroissement, que Dieu seul peut donner, je ne vois ici que ton ouvrage ; tu as créé le sol, tu as fabriqué les outils : tout cela nous est d'autant plus cher. — Je n'aurais rien fait tout seul, répondait Charles, et je trouve toutes mes ressources, qui souvent me surprennent, dans le plaisir de travailler pour vous. Je ne sais pas lequel de nous a le plus d'obligation aux autres, mais nul n'est plus heureux que moi. Ne me louez pas tant, bonne mère, de savoir faire ce qui me plaît. »

Lorsque les premiers semis commencèrent à lever, que les planches se couvrirent de feuilles vertes, non-seulement Isabelle et les petit jumeaux, mais Charles et la mère elle-même, éprouvèrent une joie d'enfant. On visitait à chaque moment ces laitues naissantes, ce cerfeuil, ces petits pois, qui, soulevant la terre crevassée, se montraient à l'envi. On épiait sur les arbrisseaux la sortie des premières feuilles ; on comptait les fleurs. Que de mains empressées à protéger une faible tige contre le vent ou le soleil! Et, quand la terre semblait un peu desséchée, que de jardiniers se disputaient l'arrosoir! Cette joie devint plus calme, mais elle ne s'affaiblit point. C'est le secret de la nature de se faire des amis qui ne peuvent l'oublier.

Charles, pour établir son potager, mit à profit, suivant sa coutume, ce que le riche voisinage lui abandonnait. Les rebuts d'un jardin opulent étaient bien reçus dans le sien ; ils payèrent souvent les soins qu'on leur donna en devenant des sujets d'élite. Avait-on jeté des fraisiers par-dessus la muraille, des mains attentives les relevaient bientôt, et transportaient au Rivage cette nouvelle richesse. C'est ainsi que les meilleures espèces d'herbages, de légumes, de melons, de concombres, y furent cultivées. Sans avoir acheté rien, on eut bientôt beaucoup de choses à vendre.

Le jardinier de M. M… aurait pu, sans faire tort à son maître, aider, dans ce premier établissement, son voisin, encore novice, et sans doute le bon vieillard le voulait ainsi. Mais l'intendant était moins bien disposé. Cet homme, d'un méchant caractère, avait vu de mauvais œil l'entreprise de Charles. Il avait prédit que cela ne réussirait point. Blessé dans son amour-propre par le succès du jeune colon, il ne pouvait souffrir qu'un étranger tirât quelque avantage de ce qu'il avait négligé. Qu'on se figure sa colère, quand il dut prévoir que la prospérité toujours croissante des Baudry les fixerait indéfiniment sur des terres soumises à son intendance! Sa mauvaise volonté ne s'était montrée jusque-là que par des ricanements et des grimaces, quand il passait le long du Rivage : elle parut dès lors plus visiblement : elle arrêta le jardinier, quand il voulut faire part aux Baudry de son superflu et leur donner des conseils. Susanne en fut alarmée ; elle disait : « J'entends gronder le tonnerre dans le lointain ; Dieu veuille qu'il ne nous arrive pas malheur! — Qu'importe M. l'intendant! disait Charles, nous avons le maître pour nous. »

19. — Encore des colons.

Le Rivage devint peu à peu l'asile de mainte créature abandonnée, qui cherchait le vivre et le couvert. Un jour que la pluie froide et le vent orageux avaient emprisonné nos amis dans leur cabane, ils entendirent, pendant le repas, des gémissements à travers la porte. Isabelle courut voir ce que c'était. Un pauvre barbet délaissé entra précipitamment, et commença par secouer vivement sa laine chargée d'eau. On lui pardonna, en faveur de ses avances non moins vives, cette façon d'agir trop familière. Il avait faim ; ses regards émurent facilement la pitié de la famille. Il se trouva au fond du pot un peu de soupe : elle fut pour Caniche, qui venait de trouver tout d'un coup de nouveaux maîtres et un nouveau nom.

Une autre fois, André tira de la rivière un petit chat blanc, que des enfants cruels avaient jeté à l'eau pour se divertir. Le chat, qui poussait des miaulements affreux, fut porté par le courant dans des mains charitables : André se jeta dans l'eau lui-même pour le sauver. On l'appela Minet ; il devint le folâtre compagnon du grave Caniche, et partagea l'amitié des maîtres de la maison. C'étaient là des bouches à peu près inutiles ; ni les souris ni les voleurs n'étaient encore bien à craindre dans la chaumière. Moins occupés, les nouveaux venus eurent le temps d'être aimables ; ils payèrent en caresses le pain qu'on leur donna sans regret.

Un troupeau de moutons mérinos passait sur la route, le berger en tête et le chien en queue ; les menaces du chien, les appels du maître, ne pouvaient plus faire avancer une malheureuse brebis, qui traînait le pied et hochait la tête, bien loin derrière ses frères et ses sœurs ; Charles la recommandait doucement à la compassion du berger. « Que voulez-vous que j'y fasse? répondit-il. Cette bête n'ira pas loin, on le voit bien, et certainement elle n'arrivera pas en Allemagne, où je mène ce troupeau. — En Allemagne! s'écria Charles, c'est impossible. A une demi-lieue d'ici elle tombera pour ne plus se relever. — Prenez-la donc, jeune homme, et, quand je reviendrai dans le pays, vous me la rendrez. Vous aurez pour vos soins sa laine et les petits qu'elle porte. » La brebis fut recueillie, doucement traitée et bientôt guérie. Elle mit bas deux agneaux, qui furent les parents de plusieurs autres.

Ce progrès rendit nécessaire la construction d'une étable. Charles, qui avait su loger sa famille, ne fut pas embarrassé pour abriter des moutons. Dès lors le rivage eut tout l'air d'une ferme, avec ses petites dépendances, placées en appentis contre le bâtiment principal. Les jeunes enfants avaient trouvé un nouvel emploi de leur temps. Il menaient la brebis et les agneaux tondre les haies du voisinage et l'herbe perdue le long des chemins. Bientôt les débris du jardin fournirent un supplément de pâture, qui permit de nourrir une petite chevrette, échangée par Suzanne contre la laine de la brebis, et sauvée par elle des mains d'un paysan, qui la menait à la boucherie. « Combien de vies gardées par notre ami Charles! » disait Isabelle, en rappelant un jour par quelles aventures tant d'êtres animés étaient venus peupler le Rivage.

Il y manquait de la volaille. En attendant, Charles avait déniché et apprivoisé un couple de pigeons sauvages. On s'avisa de faire couver à la femelle des œufs de poule ; les poules, à leur tour, firent éclore des canetons, et l'on prévoit que les canetons réussirent ; le gîte était fait pour eux ; ils avaient dans la rivière et le lac des vivres en abondance et le bain à souhait. Ils furent d'abord en grande prospérité. Les jeunes filles y trouvèrent tant de plaisir et de profit, qu'elles étendirent peu à peu cette industrie : bientôt les canards virent les oies nager gravement à leur côté.

20. — Effets naufragés.

Ainsi la situation de cette vertueuse famille était meilleure de jour en jour. Un produit en amenait un autre. Avec le prix des légumes, on achetait du grain pour la basse-cour ; avec l'argent des poulets, on se procurait de quoi nourrir la cabane. Prospérité respectable dans son origine comme dans ses moyens! Si pauvres que fussent nos colons, ils ne s'appropriaient pas un brin d'herbe au mépris de la loi et de la justice. Après une nuit orageuse, durant laquelle la chaumière avait essuyé de terribles assauts, sans que le repos des habitants fût troublé ; pendant que les petits dormaient encore d'un profond sommeil, malgré le fracas des vagues, auquel ils étaient accoutumés, Charles, qui sortait toujours le premier, vit la grève couverte au loin de bois rejeté par les lames.

C'était la charge d'un bateau, qui s'était versé tout entière dans le lac. Les bateliers avaient pu sauver leur vie et leur barque, mais l'orage les avait poussés fort loin de là. Charles appela promptement toute la famille. Ces pauvres gens firent si bien, que, dans l'espace de quelques heures, ils recueillirent tout le bois qui était à leur portée. C'était du hêtre de première qualité. Nos amis auraient eu là de quoi se chauffer longtemps, mais ils n'étaient pas gens à invoquer le droit d'épave et à profiter du malheur d'autrui. Ils savaient bien que des effets naufragés ne sont pas des effets abandonnés.

« Voilà tout ce que nous avons pu sauver, » dit Charles aux bateliers, quand ils firent leur tournée, pour tâcher de recouvrer leur bois perdu. Ces gens le comblèrent de remerciements, et voulaient lui faire accepter une partie de ce bois pour sa peine. « Non pas, dirent la mère et le fils ; nous n'avons fait que notre devoir. » Les bateliers répondirent : « Pourquoi tout notre chargement n'est-il pas tombé dans vos mains ! »

21. — Un hôte.

Un soir, comme Charles rentrait chez lui, il vit s'approcher un homme d'assez mauvaise apparence, les habits en désordre, l'air inquiet et agité. A ses rides profondes, à ses rares cheveux gris, on pouvait lui donner soixante ans. Il dit à Charles, en lui montrant du doigt le bateau : « Par humanité, passez-moi sur l'autre bord. — C'est impossible, lui répondit Charles. Le bateau est vieux et mauvais, et vous voyez comme le lac est agité ; quand même il serait tranquille, je n'essaierais pas de vous le faire traverser sur une si mauvaise barque. — Où passerai-je donc la nuit ? dit l'inconnu avec angoisse. — Dans ma cabane, monsieur, si cela vous plaît. Je peux vous offrir une soupe maigre et un lit de paille. » L'étranger accepta sur-le-champ.

La veuve ne l'admit pas sans défiance dans sa demeure, et Charles lui-même n'était pas très-rassuré sur le caractère et la personne de son hôte ; mais l'âge et la détresse de cet homme l'avaient ému. Après souper ils causèrent, et nos colons virent que, si les années avaient ridé ce visage et blanchi cette tête, la sagesse n'avait pas encore apaisé le cœur. L'inconnu parlait un langage passionné.

« Vous avez une bien chétive demeure, dit-il, en jetant autour de lui des regards de pitié. — Dieu veuille nous la maintenir ! répondit la veuve. — Quelle différence de votre cabane à ces châteaux du voisinage ! — On a vu de tout temps des châteaux et des cabanes. — Les habitants des châteaux ne furent jamais plus insensibles au malheur du pauvre. — Je ne peux le croire, monsieur, car nous éprouvons le contraire, nous autres. Le maître de la campagne, ou, s'il vous plaît de l'appeler ainsi, du château qui touche notre demeure, nous a prêté un asile sur sa terre ; nous sommes chez lui, sans qu'il exige de nous aucune rétribution. — Ah! ce terrain n'est pas à vous? — Il n'est pas à nous. — Le voisin peut donc vous chasser quand il lui plaira? — Oui, monsieur. — Vous n'y resterez pas longtemps. — Voici deux ans que nous y sommes. — Et vous plantez, vous semez, sans défiance? — Qu'avons-nous à craindre? — Votre homme attend que la poire soit mûre pour la cueillir. » Charles l'interrompit avec émotion : « Connaissez-vous, monsieur, celui de qui vous parlez ainsi? — Jeune homme, tous les riches se ressemblent ; ils sont tous durs, égoïstes, perfides. — Je conviens, reprit la veuve, qu'on peut dire assez de mal de tous les hommes ; il faut que nous soyons bien méchants, puisque le sang de Dieu même fut nécessaire pour laver nos crimes. Mais vous ne blâmez que les riches : les pauvres, à votre avis, auraient-ils toutes les vertus? — Les pauvres sont des lâches de souffrir ce qu'ils souffrent. — Fort bien, nous avons aussi des torts! Pour les réparer, nous devrions, à vous entendre, mettre le feu aux châteaux : nous en serions mieux logés! — Non pas cela, ma bonne dame ; il faudrait ménager les châteaux, et mettre leurs habitants à la porte, en leur disant : A notre tour! — Dès-lors, nous serions les riches et les méchants : les nouveaux pauvres auraient une belle revanche à prendre. J'imagine qu'ils n'y manqueraient pas. Voyez donc la jolie société que vous nous faites! En vérité, monsieur, si mon fils avait pu vous verser du vin, je dirais,… vous m'entendez… Pardonnez-moi de vous parler si vivement ; je suis mère, et je pense à mes enfants qui vous écoutent. — Vous voulez qu'ils soient trompés comme vous! — Je suis chrétienne, et je veux en faire des chrétiens. — Les premiers chrétiens avaient tout en commun. — Quelques-uns, ceux qui le voulaient ainsi ; mais l'Évangile est une loi de liberté. — Il commande aussi la charité, et les riches s'en moquent. — Quelques riches, monsieur, et vous ne faites pas autre chose vous-même dans ce moment, car la charité c'est l'amour, et vous prêchez la haine. — Vous ne ménagez pas votre hôte, bonne dame! — Encore une fois, monsieur, c'est que vous oubliez mes enfants. — Comment se modérer, quand on voit ceux qui souffrent baiser la main de leurs oppresseurs? » Charles répliqua : « Je ne souffre point ; on ne m'opprime point ; je ne baise la main de personne. Je suis pauvre : ne m'en demandez pas la cause, je vous prie ; sachez seulement que les riches ne m'ont rien ôté. Dieu m'a donné des forces et de l'intelligence : je les emploie librement ; mes affaires avancent peu à peu ; c'est ainsi, je le crois, que la plupart des fortunes se sont faites : elles sont le résultat de longs efforts. Il est vrai que les possesseurs actuels n'ont pas tous amassé leurs biens eux-mêmes, mais ils les ont reçus de celui qui les avait gagnés, et qui pouvait, certes, les donner à qui bon lui semblait. — Non pas, dit vivement l'étranger. — Ah! vraiment? Quand j'aurai gagné du bien, je ne serai pas libre d'en disposer à mon gré, pendant ma vie et après ma mort? — Non. — Alors, vive la joie! Je vais me donner du bon temps. Plus d'économies. J'aurai toujours assez pour moi. Tous les gens bien avisés vivront ainsi au jour le jour, à l'aventure, comme les sauvages ; quand le blé manquera, nous ferons encore comme eux, nous nous mangerons les uns les autres. »

L'étranger allait répondre, car on répond toujours.

« Il est tard, monsieur, dit la veuve, et il faut que de bonne heure nous soyons debout. Vous ne serez pas surpris qu'on se lève matin chez des gens qui ne veulent rien demander qu'au travail. Je vous souhaite le bonsoir. » Là-dessus elle fit un signe à Isabelle et à Juliette, qui passèrent dans le cabinet. Charles étendit par terre une gerbe de paille. « Voilà votre lit, monsieur, dit-il à l'étranger. Je voudrais en avoir un meilleur à vous offrir ; cependant j'espère que vous y trouverez du repos ; le lit ne fait pas le sommeil. »

22. — Bonheur du pauvre.

Le lendemain, l'étranger quitta ses hôtes de bonne heure, sans se faire connaître, et sans leur dire un seul mot de ses desseins ; ils le virent s'éloigner en regardant de tous côtés avec défiance, comme une personne qui craint d'être poursuivie. « Il s'en va bien mécontent de nous, dit Isabelle : il n'a pu nous persuader que nous sommes les gens les plus malheureux du monde. » Comment nos pauvres amis auraient-ils pu le croire? On n'écoute là-dessus que son propre sentiment. Et puis, n'avaient-ils pas ce qui fait le vrai bonheur? Une conscience pure, la santé, le travail, la présence de ceux qu'ils aimaient, et sans cesse le livre de la nature ouvert pour eux à ses plus belles pages! La veuve, entourée de ses enfants et comblée de leurs caresses, disait quelquefois : « Vous avez reconnu, mes amis, que les riches vous abandonnent beaucoup de choses utiles à la vie ; vous avez moissonné où d'autres passaient et repassaient sans voir la moindre chose à recueillir : combien d'avantages plus précieux on nous laisse encore, et dont nous savons seuls jouir! L'ambitieux, qui s'emprisonne dans les grandes villes, où l'air, la lumière et l'espace lui manquent, renonce à ce qu'il y a de plus aimable dans l'univers ; ceux qui restent dans les campagnes, mais qui, trop attachés à la fortune, ne vivent que pour amasser de l'or, n'ont jamais le temps de lever les yeux et de bénir. Ils vivent sous le ciel et n'y songent pas ; la campagne, les monts, les rivages, tous ces objets ravissants, qui nous offrent des peintures mille fois plus belles, j'imagine, que celles des palais, tout cela est pour les gens affamés de richesses comme s'il n'existait pas. Ils traversent leurs superbes cultures, sans y voir autre chose que des écus. Ils y trouvent encore plus de soucis. Cependant elles charment notre vue ces moissons étrangères, et les petits oiseaux, qui viennent en recueillir les prémices sous nos yeux, nous disent, en se balançant sur l'épi, que notre part est aussi réservée. A d'autres le soin d'entasser, d'administrer, de conserver ; le pain quotidien ne manque pas à notre table : il nous arrive doucement avec ces travaux qui vous plaisent.

« Je n'ai qu'une étroite cabane : mais n'est-ce rien de la devoir aux mains d'un fils ; de le voir tous les jours auprès de moi, et de dormir sous sa garde, tandis que, dans la maison opulente, une mère pleure son fils absent, et le suit par la pensée au bout du monde, où il affronte mille dangers, pour doubler une fortune déjà trop grande? Notre demeure est petite ; cependant vous êtes-vous jamais trouvés trop près les uns des autres, autour de la table et devant le foyer? Si nous voulons de l'espace, aussitôt que le soleil se lève, et, le soir encore, quand les étoiles brillent, nous voilà sous le pavillon magnifique, dressé pour l'homme des mains de l'Éternel.

« Notre lendemain n'est pas assuré, nous dit-on. Eh! qui donc, riche ou pauvre, peut compter sur l'heure prochaine? Les riches sont-ils plus tranquilles que nous avec leurs précautions infinies? Ils sont plus inquiets mille fois, et l'événement justifie trop souvent leurs craintes. Ils se sont reposés sur eux-mêmes, et ils éprouvent par l'effet que c'est un appui bien fragile. Le pauvre se confie plus en Dieu et moins en lui : aussi est-il mieux gardé. »

23. — L'école au rivage.

Une mère si sage ne devait pas négliger de cultiver l'esprit de ses enfants. Les exercices du culte domestique s'accomplissaient régulièrement sous ce toit de chaume, comme au temps de nos pères. Quelques livres d'édification suppléaient au défaut de science. Ces livres, il faut le dire, étaient le rebut de mainte bibliothèque, et c'est par la négligence et l'abandon des premiers possesseurs qu'ils étaient parvenus enfin dans des mains plus empressées. On enrichit de magnifiques reliures, et l'on dore sur tranche, des ouvrages qui ne renferment que des vanités ; et les Évangiles, les livres de prières, habillés souvent d'une grossière enveloppe, sont relégués sur les derniers étalages, d'où la plus chétive pièce de monnaie les fait passer dans les mains du pauvre. C'est ainsi que le meilleur épi de la moisson tombe quelquefois dans les mains du glaneur.

Oh! que les ressources extrêmes auxquelles l'indigence peut se trouver réduite sont souvent préférables aux avantages trompeurs qu'on envie à la richesse! La pauvre veuve, ne pouvant pas donner à ses enfants des maîtres habiles, se faisait elle-même leur institutrice, et leur ouvrait ainsi la meilleure des écoles.

Susanne n'était pas sans instruction. Soigneusement élevée par son père, elle transmettait à ses enfants cet héritage de sagesse. La cabane était la salle d'école ; sur la même table, où les corps venaient prendre leur nourriture, les esprits recevaient les aliments qui ne leur sont pas moins nécessaires. On donnait surtout à l'étude les veillées d'hiver. Les instruments de travail attestaient la plus rigoureuse économie. Charles, qui secondait sa mère en ceci comme en tout le reste, avait noirci et poli une large planche, tableau souvent couvert de lettres et de chiffres, page toujours nouvelle, qui, chaque jour, oubliait ce qu'elle avait exprimé la veille, mais qui laissait dans la mémoire des enfants la trace fidèle de ce que l'éponge avait effacé.

Si la veuve n'apprenait pas à ses enfants beaucoup de choses, elle leur enseignait à faire un bon et raisonnable usage de leurs facultés, à observer les choses attentivement, à savoir ignorer, quand les preuves n'étaient pas claires ; à chercher patiemment ce qu'ils devaient espérer de découvrir ; à renoncer sans regret aux choses qui passaient leur portée. Elle leur enseignait surtout *à être bons*. « Aime Dieu, aime ton frère, ne t'aime pas trop : » c'était le résumé de ses leçons. Elle en trouvait dans les Évangiles le principe et le développement. Que de fois la vie du Christ fut passée en revue sous ce chaume, de Bethléem à Golgotha! Nulle part on ne pouvait mieux la comprendre, cette vie, passée sous le ciel, au milieu des champs, le long des rivages. Les enfants de Susanne voyaient autour d'eux le lac de Génésareth, les montagnes de Judée, l'étable de Bethléem, et ses pâturages, et ses troupeaux. N'étaient-ils pas eux-mêmes bergers, comme les premiers adorateurs de Jésus ; pêcheurs, comme ses apôtres?

Quelques livres élémentaires, que cinq centimes avaient enlevés au panier du bouquiniste, donnaient, presque sans frais, à ces enfants, des notions plus complètes de géographie, de calcul, d'histoire, de technologie, qu'ils n'en auraient reçu dans plusieurs écoles de ce temps-là.

Dans la conversation, Charles et sa mère communiquaient eux-mêmes à la petite famille tout ce qu'ils savaient. L'à-propos donnait souvent de la valeur et de l'attrait à l'enseignement. « Huit heures sonnent à la pendule, disait Susanne, assise devant la maisonnette, après un orage : André, compte les vagues pendant cinq minutes, et tu me diras ensuite combien de fois elles frapperaient le bord en une heure, en un jour, un mois, une année, un siècle, si elles ne hâtaient ni ne ralentissaient leur course. — Juliette, dis-moi combien de poulettes la poule t'a données? elle m'en a donné cinq. — Si chacune d'elles t'en donnait autant chaque année, et celles-ci autant à leur tour, combien aurais-tu de poules dans six ans? » Juliette en faisait le calcul, et s'étonnait de pouvoir être si riche en si peu de temps.

Charles passait au bord du lac avec les deux jumeaux ; de grandes places étaient couvertes du sable le plus fin, que l'eau en se retirant avait laissé parfaitement uni : « Cela donnerait envie d'écrire, dit André en y traçant une figure grotesque. — Eh bien! dessinez un triangle, mes amis, deux lignes droites côte à côte, un carré, un losange, un rond, un ovale, une figure à cinq côtés, à six, à douze! » Les enfants, armés d'un morceau de bois pointu, exécutaient ce qui leur était demandé. « Qui dessinera de mémoire le contour de la France, de l'Italie, de l'Amérique? » Nouveaux efforts, et quelquefois l'image n'était pas trop infidèle. La trace en demeurait jusqu'aux premiers orages, mais bientôt le calme rendait aux enfants des sables unis.

Un jour la veuve, qui était seule, y lut ces mots tracés : « Mon Dieu, conservez-nous notre mère! » De petites vagues venaient mourir tout près de l'inscription, mais elles ne l'atteignaient pas. Quelquefois un flot semblait la menacer davantage, et il expirait à la dernière limite. Susanne, attendrie, s'arrêta quelques moments pour voir ce qui arriverait ; peu à peu les flots se calmèrent, et la prière subsista encore quelque temps. Ah! le premier moment l'eût-il effacée, elle avait été recueillie dans le ciel. Avant de s'éloigner, la bonne mère ne put s'empêcher d'écrire à son tour : « Mon Dieu, bénissez mes enfants! »

Charles faisait fréquemment des lectures à haute voix. Les choses dont nos amis s'occupaient étaient le plus souvent de celles que le monde laisse tomber dans l'oubli. Ils ne lisaient guère que des livres sérieux, passés de mode, où le bon sens parlait sans prétention, et instruisait avec prudence. Ainsi nous voyons toujours ces pauvres gens s'accommoder de ce que la foule délaisse, et trouver un salutaire plaisir où les autres ne rencontrent qu'un mortel dégoût.

On chantait aussi dans la chaumière, on chantait dans le jardin, sur la grève, sur le lac. Le premier âge ne peut être heureux sans le dire. Il veut surtout au milieu des champs, exprimer sa joie, comme les oiseaux qui l'entourent ; André, Isabelle, Juliette, chantaient. Ils apprenaient de leur mère les hymnes qu'elle avait répétés, jeune enfant, sur les genoux de l'aïeul. C'étaient des souvenirs bibliques, des tableaux de la vie champêtre ; c'était la prière du berger, du soldat, du matelot. Les mélodies, aussi simples que les paroles, convenaient à des voix peu cultivées, mais justes et pures. Quelquefois le voyageur, qui entendait de la route ce touchant concert, sans apercevoir les chanteurs, se demandait si les anges habitaient ce rivage et quels étaient ces accents religieux si différents des refrains vulgaires, consacrés au vice et à la folie? On pourra juger du caractère de ces hymnes par celui que nous allons citer ; les enfants de Susanne le chantaient souvent, parce qu'il leur offrait des tableaux faits pour leur plaire.

NOÉ CULTIVATEUR.

Ils ne sont plus qu'une seule famille.
Pour eux, hélas! que de place au soleil!
On est aux champs sitôt que le jour brille ;
Sous même abri l'on revient au sommeil.
Le blanc vieillard, prévoyant nos colères,
Disait souvent, de l'accent le plus doux :
« Fils de Noé, soyez toujours bons frères ;

« Le monde est grand, tout le monde est à vous.
« Donnez la vie à des races nouvelles :
« D'autres sillons ne leur manqueront pas ;
« Pour cultiver les campagnes rebelles,
« Voici le fer : Dieu le prête à vos bras.
« N'abusez point de ce don salutaire!
« Attachez-vous aux paisibles travaux ;
« Ce grand déluge a fécondé la terre :
« De votre sang n'y mêlez pas les flots.
« Longtemps, mes fils, de l'arbuste sauvage
« Ma main pour vous cueillit les fruits amers ;
« Dieu m'inspira d'élaguer le feuillage,
« De lui sauver la rigueur des hivers.
« Il bénit l'œuvre, et les fruits s'adoucirent ;
« Je m'entourai de ces plants bienfaiteurs :
« Suivez la route où mes soins vous attirent,
« Et comme Dieu vous serez créateurs. »
Bon patriarche! heureuse expérience!
De ses vergers il sut faire un Éden.
Ainsi fleurisse un jour la terre immense!
Le monde entier ne sera qu'un jardin.
Il fuit le temps des luttes meurtrières :
Je vois la guerre oublier ses fureurs,
Et nous vivons de travail, de prières,
Dignes enfants des premiers laboureurs.

24. — Nouveaux progrès.

Deux années s'écoulèrent encore, pendant lesquelles chaque jour fut témoin d'un nouveau progrès. Le Rivage s'était constamment agrandi, Charles ayant réussi de mieux en mieux à discipliner la rivière et à profiter de ses alluvions. Il protégeait ses nouvelles conquêtes par des barrières de plus en plus avancées. Il empruntait au lac même des armes contre lui ; il en extrayait des blocs de granit, qu'on avait amenés autrefois dans ce lieu pour l'usage auquel il les employait. Il s'en fit un rempart, contre lequel les vagues épuisaient leur violence. Deux circonstances accidentelles furent d'un grand secours au jeune colon. On fit à la grande route des réparations, qui exigèrent l'enlèvement de beaucoup de terres. L'ingénieur ne savait où les déposer. Charles indiqua son Rivage, et n'eut qu'à désigner la place où il voulait qu'on transportât ces précieux déblais. Ils furent pour lui un bienfait tout gratuit, comme la pluie pour le jardinier fatigué de ses arrosoirs. Quelque temps après, on bâtit dans le voisinage une maison fort grande ; on eut à faire des excavations considérables : même embarras des constructeurs et même conséquence pour l'heureux Charles. Le Rivage s'étendit de neuf cents mètres carrés, qui s'élevaient au-dessus des plus hautes eaux. Charles, ayant veillé à ce que la terre fertile fût réservée pour la surface, mit sans difficulté et sans délai ces nouveaux terrains en culture.

La maison reçut aussi de l'extention. On bâtit comme une seconde cabane à côté de la première, et l'on eut deux petites chambres de plus. L'ameublement, toujours aussi rustique, se compléta. Cependant Charles fit tout lui-même ; il fut menuisier comme il avait été charpentier et maçon. Ensuite il revêtit les quatre côtés de la cabane avec des planchettes minces, comme celles dont on couvre les toits, à défaut de tuile ou d'ardoise. Elles étaient, dans leur disposition verticale, imbriquées comme les tuiles d'un toit, ou, selon l'observation de Juliette, comme les écailles des poissons : « Ce qui convenait très-bien, disait-elle, à une demeure de pêcheurs. » Dès lors la chaumière ne laissa rien à désirer pour la fraîcheur en été et la chaleur en hiver. Enfin, à l'intérieur, la cloison fut recouverte d'une couche de plâtre, et le danger du feu prévenu par cette amélioration, qu'on avait longtemps désirée. Une peinture d'un jaune clair, qu'un peu d'ocre suffit à produire, donna à la cabane et aux chambres un air gai, qui plaisait à la vue sans la fatiguer.

Autour de la maison les plantations grandirent ; les arbres et la vigne fructifièrent. On voyait là, dans un étroit espace, champ, verger, jardin, vigne, et même un bouquet de bois au bord du lac. Tout cela était un peu serré, pas un pouce de terrain n'était perdu ; mais un ordre parfait ôtait à ces cultures l'apparence de l'encombrement, et leur état prospère réjouissait la vue.

Si les besoins de la famille augmentaient avec l'âge des enfants, leurs forces et leur intelligence croissaient plus rapidement encore. Peu à peu la gêne faisait donc place à l'aisance. André était pour son frère le plus docile et le plus zélé des apprentis. Isabelle s'occupait du ménage, et la bonne mère pouvait rester fidèle à son rouet, avec lequel elle faisait merveilles. Juliette régnait sur la basse-cour et s'employait d'ailleurs à mille petits ouvrages au dedans et au dehors. Le lac suppléait à ce qui pouvait manquer en ressources du côté de la terre. Charles et André ayant aidé, par de prompts secours, à sauver un chargement de vin considérable, qu'un vigneron amenait de l'autre côté du lac, furent pressés par lui d'accepter un témoignage de reconnaissance. — « Eh bien ! répondit l'aîné des frères, on dit que les planches et les bois de construction sont moins chers de l'autre côté : procurez-m'en la quantité nécessaire pour construire un bateau un peu plus grand que celui-ci, qui sera bientôt hors de service, et fixez le prix comme vous l'entendrez. — Je ne veux que le plaisir de vous amener ici ce que vous désirez. Je vous dois beaucoup plus. » Telle fut la réponse du vigneron. Au bout de huit jours, il avait rempli sa promesse, et, la même année, Charles et André construisirent leur bateau. Le chanvre que produisit le domaine fournit la matière de la voile et des cordages. La mère et les filles fabriquèrent des filets, et, dès lors, elles eurent du poisson à vendre plusieurs fois la semaine.

25. — Un vœu accompli.

Si près du lac et de la rivière, on regrettait pourtant de n'avoir pas une fontaine jaillissante. Cela est si joli! Et puis l'eau de la rivière se troublait par les grandes pluies et celle du lac par le gros vent. Charles, attentif à profiter de tous les secours que la nature lui présentait, avait remarqué que depuis longtemps le bas du pré de son riche voisin annonçait visiblement la présence d'une eau souterraine. Encore une richesse perdue, qu'il demanda la permission de tourner à son usage. On y consentit avec empressement. Quiconque fait jaillir une source cachée rend un service, et mérite qu'on l'aide. Charles eut encore ce succès, grâce à la complaisance de son bienveillant protecteur. Les deux jeunes gens firent les fouilles eux-mêmes ; ils construisirent l'aqueduc de pierre et de glaise, et le couvrirent de mousse ; enfin ils amenèrent la source jusque chez eux : la pente permit de placer la fontaine devant la cabane. L'inauguration fut un jour de fête. Isabelle et Juliette couronnèrent de fleurs l'humble chapiteau ; et, quand l'eau vint à couler, les jeunes filles dansèrent alentour avec le joyeux André. « Coulez, jolie fontaine, disait Isabelle, coulez longtemps pour la mère, les frères et les sœurs! » L'eau se trouva fraîche, et, si la source n'était pas d'une grande abondance, son murmure n'en fut pas moins une agréable musique pour les colons du Rivage. Ils prêtaient souvent l'oreille à ce bruit chantant, quand le lac endormi et le feuillage immobile semblaient se taire pour l'écouter aussi.

26. — Une fâcheuse séparation.

Au mois d'avril, Charles était occupé à tailler ses pêchers et ses abricotiers fleuris, lorsque M. M… parut au-dessus des roches, et lui fit signe d'approcher. Le jeune homme gravit l'obstacle qui le séparait du vieillard, et s'arrêta devant lui, la tête découverte. « Mon ami, dit cet homme bienveillant, je vais m'éloigner d'ici, et peut-être pour longtemps ; mais soyez sans inquiétude : j'ai donné l'ordre qu'on vous laissât jouir sans trouble de ce terrain. Courage, continuez comme vous avez fait jusqu'à présent, et tout ira bien. Adieu. » A ces mots, M. M… serra la main de Charles et s'éloigna, après avoir écouté avec bienveillance quelques paroles de remerciement et de regret.

Cette nouvelle causa une grande émotion dans la cabane. « Il s'en va, dit la veuve, l'intendant sera libre de faire ce qu'il voudra. S'il n'a pas caché ses mauvaises dispositions en présence du maître, que sera-ce quand le maître sera parti? Si du moins nous avions quelques sûretés, un bail, un écrit!

J'aimerais beaucoup mieux que nous fussions simplement fermiers de ce petit bien, même à des conditions très-dures, que de le posséder gratuitement, sans titre valable, et d'être à la merci d'un homme qui ne nous aime pas. M. M… connaît-il si mal son serviteur et peut-il nous laisser à sa discrétion! »

Après avoir laissé échapper ces tristes plaintes, Susanne dit à son fils : « Si tu pouvais arriver jusqu'au maître avant son départ, tu obtiendrais peut-être qu'il réglât notre position. » Charles essaya de faire ce que sa mère lui conseillait ; il se rendit chez M. M… ; mais, au moment où il arriva, la voiture partait. Le vieillard l'aperçut encore, lui fit un signe de la tête et de la main, et s'éloigna au grand trot de ses chevaux.

Ce mauvais succès affligea vivement la pauvre famille. « Il nous a quittés, dit Suzanne, mais Dieu nous reste. Agissons honnêtement avec l'homme auquel on nous livre : peut-être, en lui témoignant de la déférence, obtiendrons-nous de lui protection et justice. »

27. — L'intendant.

Les Baudry ne tardèrent pas à sentir que leur position était bien changée, et qu'ils avaient beaucoup perdu au départ du maître. Malgré toutes leurs précautions, ils se virent en butte aux mauvais procédés, aux menaces de l'intendant. Il avait toujours quelque reproche à faire ; une poule était entrée dans le parterre, et avait gratté les plates-bandes où il avait fait semer des fleurs précieuses ; le chien avait aboyé trop tard ; le chat allait manger la part de ses voisins. Un jour Charles trouva M. l'intendant qui se promenait dans le petit domaine, et regardait à tout, comme un inspecteur qui fait sa ronde. Le jeune homme ne s'en montra point fâché ; il salua le visiteur et lui demanda des nouvelles du maître. « Il ne m'a pas chargé de vous en donner, » répondit avec dureté cet homme orgueilleux. Charles s'éloigna doucement sans lui rien répliquer, et le laissa achever sa visite. Il rentra chez lui le cœur blessé.

« Patience, mon ami, disait la bonne Suzanne, jusqu'ici on ne nous a point fait de mal ; souffrons tout ce qui se pourra souffrir. »

Pendant que la veuve faisait écouter ces conseils dans la cabane, quelqu'un se mutinait au dehors, et provoquait, par sa résistance, la colère de l'intendant : c'était le fidèle Caniche. Il l'avait suivi avec humeur dès son entrée dans le petit enclos, et murmurait tout bas de le voir s'impatroniser en un lieu dont lui, Caniche, avait la garde. La patience du pauvre animal fut à bout, lorsqu'après la retraite de Charles, il vit l'homme s'approcher de la basse-cour et mettre la main sur le verrou de bois. Il aboya du ton le plus menaçant, et même, on doit l'avouer, il mordit le bas du pantalon assez vivement pour qu'un morceau d'étoffe lui restât dans la gueule.

« Maudit animal! » s'écria le visiteur indiscret, et il réussit à lui donner en même temps un coup de pied, qui fit pousser à Caniche des cris perçants. Cette vengeance satisfaite fut cependant ce qui sauva le fidèle gardien. L'homme pensa que le coup valait bien la déchirure. Charles accourut au bruit et se confondit en excuses ; Cravel lui répondit en riant : « Soyez tranquille, il n'y reviendra pas. » Pour plus de sûreté, Charles châtia le barbet d'une manière exemplaire, et le mit à la chaîne. Caniche, qui, dès lors, crut avoir commis une faute en accomplissant un devoir, alla se coucher dans sa loge, chaque fois que l'intendant parut au Rivage. Cependant il le regardait de travers au passage : la rancune subsistait toujours. Le chat, témoin de la scène violente que nous venons de rapporter, avait gagné en trois sauts le faîte de la cabane ; et, chose singulière, lorsqu'il voyait, dans la suite, le bon Caniche se blottir dans sa retraite, à l'approche de l'intendant, lui, il retournait sur le comble de chaume, et il restait en observation, les yeux demi-clos, le corps amassé en boule, jusqu'au moment où l'ennemi avait quitté la place.

On parlait beaucoup du farouche intendant chez les habitants du Rivage ; on s'épuisait en conjectures sur ce qui pouvait l'avoir si mal disposé, sur la conduite qu'on devait tenir à son égard, sur les moyens d'apaiser ce méchant homme. Isabelle dit un jour : « Il est gourmand peut-être : tâchons de le gagner en lui offrant quelquefois ce que nous aurons de meilleur au jardin. Tu as raison, dit Juliette, essayons de l'apprivoiser ainsi. Il est peut-être de ces gens qui veulent qu'on les paie pour ne pas faire le mal. — Nous avons, dit la mère, un très-beau melon, qui est à point ; André ira l'offrir ce soir. » André, malgré sa répugnance, fit ce qu'on voulait ; il porta le melon et l'offrit honnêtement. L'intendant, après avoir considéré d'un air dédaigneux l'offrande et le messager, dit avec mépris : « Je n'en ai que faire ; les miens sont plus beaux. »

André murmura quelques excuses en baissant la tête et revint le cœur gros de colère. « Patience! » disait toujours Suzanne. « J'ai cru m'apercevoir, dit Isabelle, qu'il aime beaucoup le poisson. Que de fois je lui en ai vendu, qu'il demandait pour son maître, même quand monsieur ne dînait pas à la maison! — Nous ferons encore une tentative, » dit la veuve. A quelques jours de là, Charles et son frère prirent un brochet d'assez belle taille : malgré les réclamations du petit homme, on porta le poisson à l'intendant. Isabelle fut chargée de la commission. Soit que Cravel fut mieux disposé, soit que le présent lui fût plus agréable, il l'accepta et même il sourit à la jeune fille, qui lui fit une humble révérence, et se retira bien contente.

« Il n'y a pas de quoi se réjouir, disait André de mauvaise humeur. Le beau plaisir de régaler un si méchant homme! — Mon enfant, répondit la mère, il faut nous résigner à ces sacrifices ; un poisson donné de temps en temps nous sauvera les autres et tout ce que nous avons ici. » Depuis, ils ne manquèrent pas d'envoyer à l'intendant, une fois la semaine, ce qu'ils prenaient de plus beau.

28. — L'abus de la force.

C'était une dîme fort onéreuse pour ces pauvres gens, et cependant ils se seraient trouvés bien heureux d'éviter à ce prix toutes les vexations. Encore si l'on avait paru satisfait et si l'on avait reçu ces présents de bonne grâce ! Au contraire, on n'y vit plus, au bout de quelque temps, qu'une chose due, et l'on se montrait toujours plus exigeant. Tantôt le poisson était trouvé bien petit, tantôt ce n'était que de la perche, et l'on aurait voulu de la truite. Un jour l'intendant, voyant Charles au jardin, lui cria par-dessus la haie : « Il me faut pour ce soir un plat de poisson ; j'ai du monde à dîner. » Cet ordre, donné avec arrogance, blessa le jeune homme au cœur ; cependant il quitta sa bêche, il appela André, qui travaillait de son côté, et ils allèrent sans retard à la pêche. Ils ne prirent que des lottes, qui même n'étaient pas bien grosses. Charles les fit porter à Cravel par ses sœurs, avec des excuses de ce qu'il n'avait pas mieux réussi.

Le lendemain, il essuya des reproches. « Si vous m'aviez averti d'avance, monsieur l'intendant, vous auriez été mieux servi. — Je ne veux plus, répondit-il brusquement, m'exposer à ces contre-temps désagréables. Je ferai placer là, près du bord, un réservoir flottant ; vous aurez à le pourvoir de poissons, et j'y ferai prendre, selon ma convenance, ce dont j'aurai besoin. » Le réservoir fut établi, et les Baudry devinrent décidément les tributaires de l'intendant. Comme il allait fort souvent à la provision, la tâche des pauvres pêcheurs n'était pas légère.

Si du moins on les avait laissés libres chez eux comme auparavant ! Mais le méchant se mêlait de tout, il contrôlait tout, comme s'il avait eu affaire à ses gens. Charles voulait-il émonder quelques arbres forestiers, qui poussaient trop de branches et nuisaient aux cultures : « N'y touchez pas, » lui disait l'intendant. Voulait-il construire quelques digues pour se garantir du lac ou de la rivière : « On s'y prenait mal, » disait Cravel, ou « ce n'était pas le moment, et l'on devait d'ailleurs se pourvoir au dehors des matériaux nécessaires. » Charles disait doucement : « Monsieur m'a toujours permis ce que vous me défendez. — Monsieur n'a jamais regardé aux choses d'assez près ; c'est mon devoir de veiller à ses affaires. — Eh bien, dit un jour Charles, poussé à bout, dites-moi, monsieur, ce que je vous dois payer par année ; passons un bail, je vous prie, et laissez-moi cultiver librement ce que j'ai créé sans le secours de personne ! — Holà ! de quel ton me parlez-vous, mon ami ? Prenez garde ! vous n'êtes ici que par tolérance : soyez donc plus honnête et plus réservé. » Charles garda le silence et dévora cet affront. « Mère, disait-il en soupirant, on veut me prouver que votre défiance était bien fondée. Mais auriez-vous pu croire à tant de méchanceté?

29. — L'ingrat.

Qu'était-ce donc que cet homme orgueilleux et dur, qui exerçait sur nos pauvres colons une autorité si capricieuse et si tyrannique? Georges Cravel, né dans l'indigence, devait tout aux bontés du maître qu'il servait si mal, et auquel il ressemblait si peu. Il oublia, ou plutôt il ne sentit jamais ce qu'on avait fait pour lui. Pour apprécier la bienveillance, il faut en porter en soi quelque germe. Le même égoïsme qui fait l'homme ingrat le rend avare et cruel. Comment se croirait-il obligé de rendre à autrui le bien qu'on lui fait? Il ne se croit pas redevable, même à son bienfaiteur. Ah! nos pauvres amis ne demandaient rien à ce méchant homme ; mais il aurait trouvé mauvais qu'ils se dérobassent, par leurs propres forces et par de pénibles travaux, à l'indigence, d'où une main charitable l'avait doucement tiré lui-même. C'était déjà se montrer assez inique, et toutefois il devait mettre à une plus rude épreuve le fils de Susanne.

Soit que Cravel eût pris le goût de la pêche, soit plutôt qu'il se défiât de ses pourvoyeurs, et les soupçonnât de ne pas lui donner leurs plus beaux poissons, il s'avisa bientôt de visiter les nasses lui-même. Il prenait sans façon le bateau de Charles, et levait tantôt celle-ci tantôt celle-là. Il n'était ni fort ni adroit : un jour, en soulevant une nasse, il fut entraîné par le poids, et tomba dans l'eau, la tête la première. L'eau était assez profonde, et M. l'intendant ne savait pas nager. Il se débattait à la surface, lorsque le vigilant Caniche, apercevant ce mouvement extraordinaire, aboya de toutes ses forces. Charles accourut au moment où l'homme allait disparaître. Sans se dépouiller de ses habits, et tout couvert de sueur, il se jeta à l'eau. Il nageait à merveille : il arriva bientôt près du malheureux pêcheur ; il le prit par les cheveux, et, comme la barque s'était éloignée, à cause de l'impulsion qu'elle avait reçue, il ramena jusqu'au bord du lac l'intendant qui avait perdu connaissance. Les soins de la mère et du fils le rendirent à la vie. Revenu à lui, il fit beaucoup de remerciements ; mais la confusion y avait plus de part que la reconnaissance, comme on put le voir bientôt : au bout de quelques jours, Cravel avait tout oublié ; il fut aussi dur, aussi querelleur qu'auparavant. André disait à Charles : « Il veut te donner des regrets. — Je l'en défie, » répondit le bon jeune homme. Nos colons ne gagnèrent à cela qu'une chose, c'est que l'intendant ne toucha plus aux nasses ; mais ce n'était pas l'effet d'un sentiment honorable : Cravel, on le vit trop bien à sa conduite, n'avait horreur que du danger.

30. — Nouvelles exigences.

En effet, il se montrait chaque jour plus injuste et plus insolent. Il avait imposé un tribut sur la pêche : il en mit un sur les cultures. Et, comme il avait de tout en abondance dans la maison de son maître, où il faisait ce qu'il voulait, s'il mit à contribution le jardin et le verger du Rivage, ce n'était pas qu'il en eût besoin ; c'était seulement afin de tourmenter ses malheureux voisins et de leur faire sentir le joug. La manière dont il prélevait ce qu'il appelait le droit du maître était plus odieuse que le tribut même. Il entrait sans façon dans la petite ferme, s'y promenait en long et en large, comme pour narguer nos colons, et, sans les prévenir, il cueillait les fruits ou les légumes qu'il trouvait à sa convenance. Les Baudry avaient-ils élevé un produit d'élite ? au moment où ils pensaient recueillir le fruit d'un long travail, ils voyaient le seigneur intendant l'enlever sous leurs yeux. Il croyait leur faire grâce en leur abandonnant le reste. « Mes pêches ! disait Charles désespéré. — Mes choux-fleurs ! » s'écriait André en s'arrachant les cheveux. Isabelle et Juliette n'étaient pas plus épargnées. Cravel prélevait sa part sur leur volaille et leurs œufs : un oiseau de proie fait moins de ravages. Quand elles se voyaient ainsi dépouillées, elles rentraient chez elles aussi désolées que leurs frères. La veuve, tout affligée, disait à ses malheureux enfants : « Oui, cet homme nous fait beaucoup de mal ; on le dirait poussé par le démon pour se perdre lui-même et nous avec lui. Résistez à la tentation, mes enfants ; ne haïssez pas, ne maudissez pas. D'autres ont pardonné de plus cruelles injures. J'ose à peine vous dire : « considérez le divin modèle, » car vous trouverez que ces petites persécutions ne sont rien auprès de ce qu'il a souffert. »

C'est ainsi que la pieuse mère exhortait sa famille. Aux heures de la veillée, après une journée que le méchant avait assombrie, lorsque nos amis gémissaient autour de la table, Susanne profitait du calme de la nuit pour verser le baume dans les cœurs ulcérés. Elle disait : « Nos premières prospérités sont interrompues, mais l'adversité sera aussi passagère. Laissons-la, sans murmure, s'asseoir à notre foyer, et mettons à profit sa présence. Le bonheur n'exige que des vertus faciles, qui ne suffisent pas pour nous ouvrir le ciel ; le Seigneur attend de nous davantage, c'est pourquoi il permet que nous soyons affligés. Encore une fois, ne maudissez pas la verge dont il vous châtie. Celui qui sert d'instrument à la colère divine est plus à plaindre que nous. Cette colère, nous l'avons méritée, car nous faillissons tous. Demandons grâce à Dieu, mes enfants ; ne lui demandons pas justice : ce serait prononcer nous-mêmes notre condamnation. »

Voilà les réflexions touchantes que l'esprit de l'Évangile inspirait sous le chaume à une pauvre femme ; des enfants comprenaient ce langage, et tous ensemble priaient d'un cœur sincère pour leur infatigable persécuteur.

N'essayons pas d'expliquer les mystères de Dieu. La présence du mal sur la terre, les souffrances du juste, nous étonnent et révoltent notre raison : voyez pourtant, après le recueillement et la prière, nos amis affligés : ils ont retrouvé la paix, ils causent doucement, ils sourient : l'affliction même, en resserrant le lien qui les unit, leur fait goûter de nouveaux plaisirs ; il faut avoir pleuré ensemble pour connaître le plus doux charme de l'amitié. La veuve et ses enfants nous semblaient à plaindre : jugeons-en mieux, nous les trouverons dignes d'envie.

31. — Appel au maître.

Cependant le persécuteur ne se ralentissait pas, et Charles dit enfin : « On doit opposer, je l'avoue, la patience à l'injure ; mais, si l'on peut arrêter le cours du mal par des moyens légitimes, c'est aussi un devoir : Dieu ne veut pas que nous laissions la terre en proie aux méchants. Cet homme se fait, vous l'avez dit, plus de mal qu'à nous-mêmes ; eh bien, tâchons de l'arrêter, en recourant à son maître. Si notre bon voisin savait ce que nous endurons, il serait indigné. Éclairons-le, nous devons la vérité à qui nous devons le respect et l'amour. — Et comment recourir à celui que nous ne voyons plus? — Je lui écrirai. — Prends garde, Charles. Tu rendras notre position plus mauvaise si tu ne réussis pas, et peut-être même si tu es écouté favorablement. Cravel ne ménagera plus rien quand il sera poussé par la vengeance. »

On patienta quelque temps encore ; enfin les choses allèrent si loin, que Susanne elle-même jugea la situation insupportable. Cravel poursuivait ses victimes jusque chez elles, et ne leur laissait de repos ni le jour ni la nuit. Quelquefois il survenait brusquement pendant la soirée ; il interrompait le souper, la prière, ou une conversation paisible, pour intimer ses ordres capricieux, en sorte que leurs soucis recommençaient à l'heure où l'on oublie les fatigues de la journée. Les pauvres gens ne connaissaient plus cette douce paix du foyer qui sait charmer tant de peines.

Alors Charles eut permission d'écrire, et il rédigea la lettre suivante, dont il fit lecture un soir à la famille assemblée, et recueillie dans un silence profond :

« Mon très-honoré bienfaiteur!

« Excusez-moi si je prends la liberté de vous écrire, moi qui ai vécu plus de quatre ans près de vous, sans avoir osé presque jamais vous adresser la parole. Quand vous étiez ici, je pouvais éviter de vous importuner longuement ; un mot suffisait pour me faire entendre, et souvent vous deviniez vous-même nos besoins et nos désirs. Vous croyez sans doute, très-honoré Monsieur, que nous sommes encore dans l'état où vous nous avez laissés : il s'en faut beaucoup ;

notre sort est bien changé ; votre présence était nécessaire à notre bonheur : il a commencé sous vos yeux, il finira loin de vous.

« Vous avez donné en partant des ordres qui devaient nous maintenir dans notre heureuse position : ces ordres ne sont point exécutés. Je regrette qu'on me force à le dire, mais je dois, avant tout, respect à mon bienfaiteur et à la vérité. M. l'intendant nous fait toute sorte de maux. Il ne me laisse pas libre de cultiver et d'améliorer, selon vos vues et mes désirs, ce Rivage, où vous m'avez établi avec ma famille. Cependant je n'ai point profité de votre absence pour faire quoi que ce soit contre vos intérêts. Je voulais continuer mes soins vigilants à notre petite ferme : votre intendant s'oppose à tout ce que j'essaie de faire, et m'arrête sans cesse.

« Nous eûmes lieu de reconnaître sa mauvaise volonté aussitôt que vous fûtes parti. Pour tâcher de nous le rendre plus favorable, nous lui avons offert quelques produits de notre pêche : bientôt il a exigé cela comme une chose due, et puis il a demandé toujours davantage. Enfin, ce qui se prend dans nos filets, ce qui croît dans nos cultures, ce que nous élevons dans notre basse-cour, ne nous appartient plus. Nous ne sommes pas même tranquilles dans notre cabane, où M. l'intendant ne se gêne pas d'entrer, même à des heures indues, pour nous quereller, nous injurier et nous donner tous les ordres capricieux qu'il lui plaît, sans consulter ni raison ni justice.

« Pour tout dire, très-honoré Monsieur, nous sommes aussi tourmentés loin de vous que nous étions paisibles en votre présence, et nous prions Dieu qu'il vous ramène au plus tôt dans ce pays, ou qu'il donne vos sentiments aux personnes à qui vous avez remis votre autorité : mais, comme nous n'osons plus espérer ce miracle, après tant d'efforts inutiles que nous avons faits pour apaiser M. l'intendant, nous formons des vœux jour et nuit pour que vous nous donniez bientôt la joie de vous revoir. Dieu veuille, en attendant, vous conserver pour vos amis, et particulièrement pour les malheureux colons du Rivage, qui ont un si pressant besoin de votre secours! »

André, Isabelle et Juliette trouvèrent cette lettre fort belle, et ne doutèrent pas qu'elle ne réussît parfaitement. « Il ne manque plus qu'une chose, dit Susanne, c'est l'adresse de notre voisin. Nous n'irons pas la demander à l'intendant : ce serait une perfidie, puisque nous écrivons pour nous plaindre de lui ; nous ne devons pas non plus recourir à quelqu'un de la maison : cela pourrait arriver aux oreilles de Cravel, et lui donner des soupçons, dont nous aurions à souffrir ; Charles ira à la poste, où il apprendra sans doute ce que nous voulons savoir. » En effet, on lui donna l'adresse, et la lettre fut expédiée.

32. — L'agneau Frise-Laine.

On eût dit que l'intendant prévoyait que son règne allait finir, car il sembla profiter des jours qui s'écoulèrent avant que la réponse fût arrivée, pour maltraiter plus que jamais les pauvres colons.

De leur côté, ils souffrirent ces nouvelles injures avec une patience toujours plus égale, dans l'attente où ils étaient d'une prompte délivrance. Et certainement Cravel, tout insensible qu'il était, dut s'étonner enfin de tout ce que ses malheureux voisins pouvaient supporter.

Un soir, il entre soudainement dans la chaumière et dit à Isabelle, avec un rire cruel : « Petite bergère, j'ai quelques amis à traiter ; il me faut un rôti qui me fasse honneur et qui leur plaise : vous avez un agneau de trois semaines, faites qu'il soupe bien ce soir : ce sera son dernier repas ; je viendrai le chercher demain. »

Qu'on juge de l'effet que durent produire dans la cabane cette affreuse nouvelle et la manière dont elle était annoncée! Les deux sœurs en versèrent des larmes, et, la tendresse l'emportant sur tout autre sentiment, Juliette s'humilia devant Cravel, et le supplia les mains jointes d'épargner cette pauvre bête, le premier agneau de Brunette, qui était si doux, et auquel elle avait fait de ses mains un si joli collier! André gémissait dans un coin pendant cette prière ; Charles regardait sa mère en frémissant. « Non! répondit le barbare. Sera-t-il dit que je n'aurai rien de vous de bonne grâce? Payez-vous trop cher tout ce que vous récoltez ici? Voilà le premier tribut qu'on exige de votre étable. Consolez-vous ; l'agneau sera mis à la broche : c'est pour cela qu'ils sont faits. »

Après cette réponse, Cravel se retira. La mère essaya de calmer ses enfants. Elle leur dit : « L'agneau était bien joli sans doute ; il était né le jour de la fête de Juliette, et Juliette devait être sa maîtresse : c'est elle qui avait trouvé pour lui ce nom de Frise-Laine qui lui allait si bien ; mais il faut en prendre notre parti. Ne nous démentons pas, au moment où nous attendons l'arrêt de notre juge, et méritons par une patience inaltérable la justice qu'il ne manquera pas de nous rendre. »

C'étaient là de sages paroles, et la voix touchante d'une mère leur donnait beaucoup de force ; malheureusement l'agneau vint à bêler, et l'on entendait dans la cabane les moindres bruits de l'étable : ce bêlement fit oublier à tout le monde, et à Susanne elle-même, ce qu'elle avait dit. Frise-Laine fut pleuré sur nouveaux frais par la famille entière. Après un moment de silence, Charles dit avec fermeté : « Le malheur que nous déplorons aujourd'hui ne peut arriver que demain : or, savons-nous si demain Cravel sera libre de nous faire le mal qu'il médite? J'irai de grand matin à la ville ; je verrai à la poste s'il n'y a pas de lettre pour nous ; je peux revenir avant que Cravel paraisse : il n'est pas bien matineux ; et peut-être apporterai-je des nouvelles qui arracheront la victime des mains du bourreau. » Une si faible espérance fut reçue avidement par ces cœurs désolés, et l'on passa dans la cabane une nuit plus tranquille.

Charles partit au point du jour. Quelques temps après, les deux sœurs et André se mirent aux aguets, regardant d'une part le chemin qui menait à la ville, et de l'autre le sentier par lequel on voyait d'ordinaire s'avancer le cruel intendant. Après une longue attente, Juliette, qui avait dans ce moment les yeux fixés sur le grand chemin, s'écria vivement : « Le voici! » On reconnut Charles à ne pas s'y méprendre, quoiqu'il fût à un quart de lieue. Un moment après, André, ayant regardé de l'autre côté, dit d'une voix étouffée : « Le voilà! » C'était Cravel, qui s'approchait derrière les arbustes. Il devait arriver avant Charles, étant beaucoup plus près que lui. André courut au chemin ; il fit signe à son frère de hâter sa marche, et revint tout essoufflé, en disant : « Il vient, il court ; les nouvelles sont bonnes : il a mis son chapeau au bout de son bâton. »

Cependant l'ennemi était déjà si près, que Charles courait le risque de ne pas revoir l'agneau dans l'étable. Alors Juliette alla au-devant de Cravel, et, pour l'arrêter un peu, elle lui fit remarquer de fort belles pêches, dont plusieurs étaient mûres. « M. l'intendant, lui dit-elle doucement, vous avez pensé au rôti, mais il ne faut pas oublier le dessert. Voici des pêches qui feraient aussi beaucoup d'honneur à votre table, et qui plairaient fort à vos amis. — Vraiment, elle a raison! dit Cravel, étonné de sa prévenance ; et, puisque j'en ai le temps, je vais cueillir les plus belles. »

Pendant que le misérable était à l'ouvrage, sans scrupule et sans défiance, Charles arrivait enfin. Il était en nage ; il montrait de loin une lettre ouverte. Il n'eut pas le temps de la lire à la famille, avant que le pillard eût achevé de dépouiller le pêcher. Cravel s'avançait les poches pleines, et disait à Isabelle : « Faites sortir l'agneau. — Vous ne l'aurez pas! dit Charles avec véhémence. — Je ne l'aurai pas! » En prononçant ces mots d'une voix menaçante, l'intendant allait forcer la faible porte de l'étable : Charles lui barra le passage : « Reconnaissez-vous cette écriture, monsieur l'intendant? » Il lui montrait le dessus de la lettre. Cravel reconnut avec étonnement la main de son maître.

« Écoutez, ma mère, poursuivit le jeune homme, écoutez, mes amis, et vous aussi, monsieur : je me suis plaint de vous à M. M... ; et voici ce qu'il m'a répondu : »

« Mon cher voisin, votre lettre m'aurait surpris autant qu'elle m'afflige, si je n'avais pas reçu dernièrement des avis étrangers, qui confirment toutes vos plaintes. Je n'aurais pas imaginé que Cravel pût oublier à ce point mes ordres et ses devoirs. Je vous trouve bien généreux, dans ces circonstances, de me taire une action qui vous honore, et que Cravel n'aurait pas dû me laisser apprendre par d'autres. J'ai su que vous lui avez sauvé la vie. Après cela, sa conduite à votre égard est d'une ingratitude révoltante. Je me réserve de le juger plus tard : en attendant, je lui fais savoir qu'il ait à réparer ses torts. Nous nous verrons le mois prochain, je l'espère ; et je saurai par vous, mon ami, l'effet qu'aura produit la lettre que mon intendant recevra par ce même courrier. »

On comprend avec quels sentiments cette lecture fut écoutée par les divers auditeurs. Charles ajouta : « Vous n'auriez eu votre lettre que ce soir, monsieur Cravel ; dans l'intérêt de l'agneau, j'ai cru nécessaire, je l'avoue, de vous la faire avoir plus vite ; excusez-moi : je l'ai retirée en votre nom ; la voici. » L'intendant la reçut, tout pâle de colère et de confusion. Il tourna le dos à la famille, et ouvrit la lettre d'une main tremblante. On le vit s'éloigner en lisant, et l'on comprit à ses gestes que la lettre n'était pas de nature à le satisfaire. Juliette s'écria en sautant de joie : « Frise-Laine est sauvé ! »

33. — Réparations forcées.

Dès le même soir l'intendant revint à la chaumière. Qu'il était changé depuis le matin! Il se montra aussi humble, disons mieux, aussi rampant, qu'il avait toujours paru hautain. Il portait un panier rempli de pêches, proprement casées dans des feuilles de vigne. « Mademoiselle Juliette, dit-il avec un sourire forcé, j'en avais cueilli douze, en voici vingt-quatre. — C'est trop de la moitié, dit Charles. Donnez, je reconnaîtrai les nôtres ; pour celles de M. M..., nous ne pouvons les accepter de vous, qui n'avez pas le droit de les offrir. »

Quel orage de telles paroles auraient excité la veille! Cravel ne répondit pas un mot ; il laissa Charles reprendre ce qu'il voulut, et emporta le reste, en souhaitant le bonsoir à la famille, qui lui rendit poliment son salut.

Le lendemain, André, qui s'était approché du lac, revint, tout joyeux, dire que Cravel faisait enlever son réservoir. Quelques moments après, l'intendant arriva en effet avec un large baquet rempli de poissons. « Voilà qui vous appartient, monsieur Charles, dit-il, en le déposant devant ses pieds. — Fort bien, monsieur. Isabelle, c'est l'heure d'aller au marché, prépare-toi. Vois-tu les belles truites que tu auras à vendre? Aujourd'hui c'est M. Cravel qui a pêché pour toi. » Après s'être permis cette légère plaisanterie, il plaça les poissons dans le panier d'Isabelle, et rendit à l'homme son baquet.

Ainsi les choses reprirent leur premier cours, et les mauvais temps qu'on avait passés firent paraître d'autant plus agréable le retour de la sérénité. Cravel ne se montrait plus au Rivage. S'il passait derrière le bosquet, il saluait de loin Susanne, Charles, Isabelle et même le petit André. On lui rendait toujours cordialement politesse pour politesse ; ces bonnes gens n'avaient pas le moindre ressentiment de ses injures ; et, s'il avait pu s'en convaincre, en lisant dans leur âme, il n'aurait pas été moins surpris de leur générosité que de leur patience.

Un jour il vint dire à Susanne : « Nous avons un compte à régler ensemble. Vous m'avez fourni du poisson, de la volaille, des fruits, des légumes ; dites-moi, je vous prie, ce que je vous dois. — Il suffit que vous vous sentiez redevable, monsieur Cravel. Nous n'avons rien noté, nous ne vous demandons rien. » Il insista longtemps, non qu'il eût des remords : il n'agissait que par calcul, et voulait seulement assurer sa position ; mais il ne put vaincre la résistance de Susanne, et cette bonté ne le toucha point. Il imagina qu'on voulait conserver sur lui l'avantage qu'il avait donné par sa mauvaise conduite, et s'indignait de ne pouvoir faire accepter ses réparations intéressées.

34. — Instants de bonheur.

Tant que leur ennemi fut arrêté par la crainte, nos colons goûtèrent de nouveau la joie et la paix. Tout prospérait dans la famille. Depuis son établissement au Rivage, Susanne semblait rajeunie ; Charles était devenu un homme robuste : il avait vingt-deux ans, Isabelle près de dix-neuf, André et Juliette dix-sept ; ils étaient heureux, et cependant lorsque Susanne, assise devant sa porte, mêlait le bruit de son rouet au murmure de la fontaine et au bourdonnement des abeilles ; quand elle voyait ses fils jetant leur filet à quelques encâblures du Rivage, Isabelle donnant la pâture aux poules, aux moutons et à ses deux chèvres, et Juliette cueillant des herbes pour le repas, la pauvre femme sentait ses yeux se mouiller de larmes.

« Cela est bien doux, se disait-elle en soupirant, mais cela ne doit pas durer. La vague qui paraît la plus éloignée est bien vite au bord ; nous avançons comme elle sans bruit, pour nous briser en gémissant. Dieu veuille qu'avant ce terme naturel du bonheur, le nôtre ne soit pas troublé par de nouveaux orages! » Telles étaient les pensées mélancoliques de la bonne mère ; une ombre de tristesse passait sur son front, et tout à coup Juliette revenait en chantant ; Isabelle s'approchait, le sourire sur les lèvres, et comptait ses œufs dans son tablier ; André, monté sur la pointe du bateau, agitait en l'air son chapeau de paille, pour annoncer un bon coup de filet, et la veuve attendrie se livrait à la joie où la conviaient ses enfants.

35. — Nouvelles inquiétudes.

On attendait avec impatience la fin du mois et la visite promise ; soudain le bruit se répandit dans le voisinage que M. M… était malade. Ce fut un grand sujet de chagrin et d'alarme pour les habitants du Rivage. Ils allaient souvent demander des nouvelles aux domestiques de la maison, qui ne leur en donnaient pas toujours de bien positives. Ce qui était malheureusement assez clair, c'est que Cravel devenait moins honnête de jour en jour. « Notre protecteur est bien malade, disait Charles, car l'intendant ne me salue plus. »

Un jour il se fit un mouvement extraordinaire dans la maison voisine ; un personnage d'importance venait d'arriver : les Baudry apprirent que c'était le neveu du maître, et son héritier. Le lendemain ils le virent se promener dans la campagne avec l'intendant. Celui-ci, le chapeau à la main, suivant le visiteur avec une contenance humble et soumise, paraissait lui donner des renseignements et répondre à ses questions. Ils avancèrent enfin jusque sur les rochers qui dominaient le Rivage, et ils eurent à cette place une conversation très-animée. André, qui, sans être aperçu, avait observé les gestes des deux personnages, crut pouvoir les expliquer de la manière suivante :

« Le neveu a indiqué du doigt notre cabane, et regardé Cravel fixement, ce qui voulait dire : « Qu'est-ce que cela? » Cravel a montré, de même, notre frère, qui émondait dans ce moment les branches gourmandes du pommier de rainettes. Il est clair que Cravel a répondu : « Voilà celui qui l'a bâtie. » Ensuite le neveu a tourné lentement la tête, en promenant ses regards depuis l'entrée du Rivage jusqu'à l'autre bout, et il a regardé de nouveau l'intendant, en lui indiquant, d'un geste du bras, tout ce qu'il venait de parcourir des yeux. « Oui, tout cela, » a répondu Cravel, car il a fait un signe de tête aussi clair qu'expressif. Alors le neveu a regardé à ses pieds, comme pour y chercher quelque chose, puis à droite et à gauche, dans la direction des plantations qui nous séparent ; il a montré de la main le lieu sur lequel il se trouvait, et il a demandé, je gage, si c'était donc là que se bornait la propriété de son oncle? Sur quoi Cravel a répondu négativement, avec beaucoup de vivacité, et, d'un air triomphant, il a étendu à son tour les deux bras, comme cela, et a fait comprendre, j'en suis sûr, que, jusqu'au lac, comme ceci et comme cela, tout appartenait à son maître, ce qui a paru faire grand plaisir au neveu, car il a balancé plusieurs fois la tête, d'un air qui voulait dire : « A la bonne heure! » Après quoi il a frappé du pied vivement, en mettant les mains dans ses poches et en paraissant adresser à Cravel une question pressante, savoir (ou je suis bien trompé) : « Mais pourquoi donc ces gens sont-ils là? » Alors notre ennemi a plié le dos, et s'est incliné en avant, les bras entr'ouverts, les mains à la hauteur de la tête, dans une posture qui, certainement, voulait dire : « Ce n'est pas ma faute. » Là-dessus, le neveu a secoué la tête d'un air menaçant, et s'est retiré, après avoir jeté sur le pauvre Rivage des regards qui ne lui présageaient rien de bon. »

Malgré leur inquiétude, les bonnes gens ne purent s'empêcher de sourire, en écoutant le petit frère expliquer à sa façon, et si nettement, une conversation dont il n'avait pas entendu un mot. Le neveu partit deux jours après, et Cravel, qui paraissait fort content de la visite qu'il avait reçue, recommença à se montrer davantage. Il se contenait encore ; mais, comme le chien du chasseur, il paraissait n'attendre qu'un signe pour se jeter sur la proie.

36. — Il faut partir.

On n'avait pas besoin, sous le toit de chaume, d'écouter la voix de l'intérêt, pour demander au ciel avec ardeur la guérison du bon vieillard. On se flattait toujours de le voir bientôt revenir, aussi ce fut une grande désolation chez les Baudry, lorsqu'à l'entrée de l'hiver, on leur annonça que M. M... avait succombé. Cette funeste nouvelle affligea tout le voisinage ; l'intendant, lui seul, apprit avec une joie secrète la mort de son bienfaiteur.

En homme qui croyait savoir parfaitement ce qu'il avait à faire, il signifia sur-le-champ aux Baudry qu'ils eussent à sortir du Rivage dans trois jours. Larmes, prières, reproches, tout fut inutile. Il alléguait le devoir de sa charge et l'obligation de rétablir les droits du maître dans leur intégrité.

Tout le voisinage fut indigné d'une telle rigueur. Nos colons s'étaient fait beaucoup d'amis par leur sage conduite ; plusieurs vinrent leur offrir des conseils, des consolations, des secours. Un homme versé dans la pratique des affaires disait à Charles : « On n'a pas le droit de vous chasser d'ici sans avertissement préalable ; vous n'avez pas, il est vrai, de bail écrit, mais il y avait entre M. M... et vous un contrat tacite ; on vous a laissé jouir, cultiver, planter, bâtir ; on s'est engagé par là même avec vous jusqu'à une certaine limite, que le Code a fixée. Lisez-le : il est positif. On doit vous signifier votre congé pour l'époque d'usage. Vous seriez dupe, si vous renonciez au bénéfice de la loi. — Ce bénéfice, répondait Charles, me vaudra un procès ; voilà ce que j'y trouve de plus clair. C'est du temps perdu ; ce sont des risques, auxquels je ne veux pas m'exposer. Nous entrons en hiver : il faut que je pense à des choses plus pressantes que des citations et des ajournements. » Isabelle ajoutait : « Nous ne pouvons nous éloigner trop vite, afin de ne plus voir ce méchant homme. — Enfin disait la veuve, nous savons que nous ne sommes pas chez nous : on ne reste pas chez les gens contre leur gré. Nous avons eu trop de confiance en l'appui de l'homme ; apprenons maintenant à ne plus nous confier qu'en Dieu.

37. — Résolution courageuse.

Plusieurs personnes compatissantes offraient des secours à Susanne et à ses enfants. « Comment passerez-vous l'hiver? » leur disait-on. « Je me charge de Juliette, » disait une bonne femme. « André viendra chez moi, » ajoutait une autre. Un homme respectable, le plus riche de l'endroit, trouvait fâcheux de les séparer, et voulait qu'ils se retirassent tous chez lui. À ces offres obligeantes, Charles répondit : « Je vous remercie, mes bons voisins ; ma mère, mes sœurs et mon frère ne vivront pas de charité. Gardez vos secours pour les infirmes. Vous voyez que nous sommes tous en état de gagner notre vie. Nous nous y sommes préparés autour de cette cabane. C'est un avantage que Cravel ne nous ôtera pas. Si nous regrettons le Rivage, c'est que nous l'aimions ; nous l'avons tiré des eaux, cultivé, amélioré, embelli ; on ne quitte pas sans peine son enfant : mais ce que nous avons fait ici, nous pourrons le faire ailleurs, et probablement avec plus de facilité.

« Je veux passer sur l'autre bord. Là demeure un vigneron de mes amis, qui m'a souvent parlé de ce qu'il voit autour de lui ; les terres y sont moins chères que dans ces quartiers ; le pays est moins peuplé : c'est dans les cantons moins remplis que les pauvres gens trouvent plus facilement leur part et leur place. Quand on sait se résigner à la vie sobre et dure que nous avons menée sous ce chaume, il n'est pas trop difficile de trouver le pain d'une famille. On ne voulait pas croire que la nôtre pût vivre sur cette grève : vous voyez cependant à quoi nous étions parvenus. La persévérance fait bien d'autres miracles.

« Je suis à présent dans la force de l'âge ; voilà mon frère comme j'étais quand nous vînmes ici. Ma mère, qui a repris des forces et de la santé, mes sœurs, qui ont appris le service de la maison et les ouvrages de leur sexe, nous aideront à vivre doucement. J'ignore si elles pourraient se passer de moi, mais je ne peux me passer d'elles. Si elles veulent me croire encore, nous resterons tous ensemble : il n'y aura de changé que la rive. En nous éloignant un peu du lac, en pénétrant dans l'intérieur, nous trouverons des terres plus fortes, plus fertiles et moins chères. Mon ami le vigneron connaît une commune qui en possède, qu'elle laisse en friche, parce qu'elles sont éloignées des voies de communication : c'est là justement que je voudrais m'établir. Je le pourrai, même sans avances. Quand nous aurons du blé à vendre, on saura bien trouver un chemin pour venir l'acheter. Seulement, je ferai mes conditions avant de m'établir, et je prendrai mes sûretés, afin de ne pas causer deux fois à ma famille un chagrin comme celui-ci. »

38. — Regrets, nouveaux arrangements.

Chacun admirait le courage de Charles ; il consolait, il encourageait ses jeunes sœurs ; il contenait la fougue de son frère. Celui-ci, dans le transport de sa douleur, voulait tout arracher, tout brûler, tout détruire avant de s'éloigner. Sa mère lui disait : « Nous n'en avons pas le droit. Ce qu'on a bâti ou planté sur le fonds d'autrui appartient au maître du terrain. Ne nous exposons pas à des poursuites, qui seraient justes, et qui nous causeraient un grand tort. La colère, si criminelle devant Dieu, est aussi fort nuisible chez les hommes. — Pour moi, ajoutait Charles, je ne voudrais rien toucher, rien gâter ici ; je voudrais respecter jusqu'à la fin notre ouvrage. Ces jeunes arbres, ces petites constructions, me parlent et m'intéressent encore ; ce sont des amis que je laisse, et que je veux ménager. Quand nous aurons fondé une nouvelle colonie, je reviendrai un jour demander des greffes au nouveau possesseur du jardin et du verger ; je ferai revivre pour nous, sur l'autre bord, ces plantes aimées ; nous goûterons encore de leurs fruits ; ils nous feront souvenir des beaux jours du Rivage! »

C'est ainsi que Charles lui-même commençait à parler avec fermeté, et finissait, comme les autres, par s'attendrir.

On pouvait du moins vider l'étable et la basse-cour. Des voisins recueillirent les abeilles ; ils prêtèrent des cages pour la volaille. Mais les canards trouveraient-ils ailleurs une aussi jolie rivière? Et ce poulailler, si bien construit par les frères, il fallait l'abandonner! Pauvres sœurs! elles avaient bien d'autres sujets de regret : la cabane et tous ses souvenirs, la fontaine, les espaliers, les dernières fleurs de l'arrière-saison, quelques violettes, épanouies à l'abri des rochers, tout ce qu'elles voyaient semblait leur dire : « Eh quoi, vous partez! Vous nous délaissez! Qui prendra soin de nous, lorsque vous n'y serez plus? » Enfin, le temps se passait à gémir, et le moment du départ approchait avec une effrayante vitesse.

Charles et André s'étaient rendus tout de suite chez le vigneron. Quand il les vit de loin débarquer, il courut à leur rencontre, et les salua joyeusement : bientôt la tristesse peinte sur leur visage le fit changer de ton. Charles lui fit part de ses projets et lui dit : « La cahutte que vous avez à l'angle de cette vigne écartée vous est, je crois, inutile à présent : voulez-vous me la prêter quelques semaines? — Volontiers, dit le vigneron, en lui serrant la main ; elle est à vous aussi longtemps qu'il vous plaira. Mais un si mauvais gîte ne peut vous suffire ; je vous offre ma maison ; j'en sortirais plutôt pour vous loger ; ne croyez pas que j'aie oublié ce que je vous dois. — Ne vous êtes-vous pas acquitté, mon ami? répondit Charles. Ce bateau, notre seul refuge maintenant, nous ne l'aurions pas sans vous. Enfin vous nous prêtez ce petit logement : cela suffit. Nous savons nous accommoder de tout. Vous n'ignorez pas comment nous débutâmes au Rivage. Nous ferons en sorte que notre mère ne souffre pas trop : la jeunesse peut supporter quelque gêne. »

Le bon homme offrit encore sa grange pour les provisions, son étable pour les moutons et les chèvres, sa basse-cour pour la volaille. Tout fut accepté avec reconnaissance, comme on l'offrait de bon cœur.

Les frères passèrent ensuite avec le bateau tout le plus gros bagage, le foin, la paille, les feuilles sèches, les meubles, les outils ; enfin ils revinrent chercher la famille, le petit bétail et les hôtes de la basse-cour ; on n'oublia pas Minet, et Caniche ne se laissa pas oublier.

39. — Le passage.

Le terme accordé était si court, et l'embarras fut si grand, la dernière résolution si difficile à prendre, qu'on s'attarda beaucoup le troisième jour, et l'on ne put partir que le soir. Le temps était froid, le ciel voilé des vapeurs de décembre ; à peine le soleil fut-il couché, que la lune vint éclairer cette triste scène de ses pâles rayons. Quelques amis, plus fermes ou plus dévoués que les autres, avaient accompagné les exilés jusqu'au bord. On pleurait sur la barque et sur le rivage. Susanne était assise entre ses deux filles. Toutes trois s'efforçaient de contenir les chèvres et les moutons qui s'agitaient de frayeur. Lorsque l'amarre fut détachée, et que le mouvement de l'eau et des rames fit balancer la barque, le petit troupeau poussa des cris de détresse. A ce bruit, les sanglots redoublèrent ; Isabelle et Juliette se penchaient sur leur mère, qui avait les mains jointes et les yeux levés au ciel ; Charles et André ramaient de toutes leurs forces ; navrés de douleur, ils avaient hâte de s'éloigner, pour ne plus voir ce qui ne leur appartenait plus.

A mesure qu'ils avançaient, la pleine lune, en s'élevant au-dessus de l'horizon, répandait une lumière plus vive ; le ciel devenait serein, l'air plus tranquille et plus doux ; le lac se calmait ; il parut bientôt uni comme une glace. A brebis tondue Dieu mesure le vent, dit la veuve après un long silence. Si la cause de cette traversée n'était pas si triste, on pourrait y trouver du plaisir. — Nous sommes au milieu du lac, dit Charles. On ne distingue pas mieux un bord que l'autre. Les montagnes s'abaissent du côté que nous quittons, autant qu'elles s'élèvent de l'autre. » André fit observer que l'heure de traire les chèvres se passait. « Elles souffrent de notre oubli, dit Isabelle ; il faut le réparer tout de suite. — Ce n'est pas moins nécessaire pour nous que pour elles, reprit le jeune rameur ; nous avons aussi oublié tous nos repas aujourd'hui, et l'on a beau être affligé, l'air du lac donne de l'appétit. »

Ils cessèrent de ramer pour prendre un peu de repos. Isabelle se chargea de traire une des chèvres, et Juliette l'autre. Susanne tira d'un panier la moitié d'un pain bis et quelques écuelles grossières. Alors la pauvre famille fit, au milieu de ce triste passage, un petit repas, mêlé de prévenances amicales et de mots consolants, que les frères, les sœurs, et surtout la mère, savaient trouver encore.

Elle disait : « Aussi longtemps que je verrai près de moi mes fils et mes filles en bonne santé, je me croirai assez heureuse. Nous voici loin de tout le monde, et comme abandonnés ; cependant n'oublions pas que des regrets bienveillants nous ont suivis jusqu'au bord que nous quittons, et que l'hospitalité d'un ami nous attend sur l'autre. Ce passage est beaucoup moins affreux que je ne l'aurais imaginé. — Je voudrais bien savoir, dit Juliette, ce que fait Cravel dans ce moment, et s'il est seulement aussi tranquille que nous. » Isabelle dit à sa jeune sœur : « As-tu donc vécu jusqu'à dix-sept ans, ma bonne Juliette, sans te douter que le méchant n'est jamais tranquille? Ou peut-être ignores-tu ce qui nous arrive, quand une pensée coupable nous surprend et nous poursuit? Quel trouble et quelle angoisse, jusqu'au moment où nous sommes de nouveau maîtres de notre cœur! Figure-toi donc, si tu peux, l'état d'une âme sans cesse tourmentée de cette manière! L'intendant nous ôte le sommeil pour cette nuit, mais crois bien que nous l'empêcherons aussi de dormir. » André soupira, et prit à son tour la parole : « Isabelle dit bien vrai ; une mauvaise pensée est un supplice, et je vous avouerai que je m'en suis aperçu ce soir même, depuis notre départ. — Eh! mon enfant, quelle mauvaise pensée a pu te troubler? — Je me disais malgré moi que, si Charles avait laissé Cravel au fond du lac, nous ne serions pas dessus à l'heure qu'il est. — Mon enfant, je t'invite à nous le dire sincèrement, si tu pouvais faire que Charles n'eût pas réussi à sauver Cravel, le voudrais-tu? » A cette question pressante, faite d'une voix émue, André répondit vivement : « Non, ma mère, je ne le voudrais pas! Je ne veux aucun mal à Cravel! » Après avoir dit ces paroles, parties du cœur, il quitta sa rame un instant pour embrasser sa mère, qui lui dit : « Bien, mon André! Dieu te bénira. »

La barque poursuivit doucement sa course, au milieu de ces émotions diverses. Peu à peu les esprits avaient retrouvé tant de sérénité, que le jeune batelier se mit à murmurer tout bas un chant religieux, qu'il mesurait au mouvement cadencé de la rame ; Juliette se joignit à lui timidement, et puis Isabelle et Charles enfin. Les voix s'affermirent par degrés, et s'unissant dans une harmonie simple et douce, les enfants de Susanne chantèrent les paroles suivantes, non sans faire en eux-mêmes quelques rapprochements avec leur propre situation, comme le sujet pouvait les y conduire :

AGAR ET ISMAËL.

Avec son fils Agar s'avance ;

Il se fait nuit.

Dans ces déserts, nouvelle transe

A chaque bruit.

Dans l'urne ils ont vu dès l'aurore

L'onde tarir :

— Mère, pourquoi marcher encore?

Je veux mourir.

— Viens, Ismaël, viens, prends courage,

Et pense à moi ;

La pauvre Agar en son veuvage

N'a plus que toi.

Loin de ton père, c'est toi-même

Qui me bannis,

Mais garde-moi le fils que j'aime :

Je te bénis.

— Mère, à travers l'immense plaine,

N'entends-je pas

De nos brebis la voix lointaine,

Là-bas, là-bas?

Votre Ismaël pour l'héritage

Vint le premier :

De grâce, un trait de ce laitage

Pour l'héritier!

— Dieu te donna ces bergeries,

Dieu les reprend ;

Mais son trésor, si tu le pries,

Est assez grand.

Quand le Seigneur pour ses largesses

Ouvre les mains,

Il peut combler de ses richesses

Tous les humains.

— Ah! pardonnez ma plainte amère!
Je souffre tant!
Embrassez-moi, vivez, ma mère :
Je meurs content.
Votre amitié vous faisait suivre
Mon triste sort ;
Près d'Abraham vous pourrez vivre
Après ma mort.
Enfin le mal de sa faiblesse
Paraît vainqueur ;
Sa triste mère en vain le presse
Contre son cœur ;
Elle se trouble, et crie, et pleure,
Quittant ces lieux,
Et ne veut pas que l'enfant meure
Devant ses yeux.
Un ange vient calmer sa crainte,
Et dit ces mots :
— Dieu de ton fils entend la plainte,
Il voit tes maux.
Agar, Agar, sois attentive
Et sans effroi :
Ne vois-tu pas la source vive
Auprès de toi?
Agar, tremblante et consolée,
Tombe à genoux ;
Sa plainte au vent s'est envolée,
Réveil bien doux!
Déjà l'enfant peut lui sourire,

Les yeux ouverts ;

D'un vaillant peuple il eut l'empire

Dans ces déserts.

« Agar n'avait qu'un fils, dit la pieuse mère, dont elle avait peine à soutenir les pas, et moi j'ai quatre enfants qui me soutiennent ; elle se traînait avec effort dans le désert aride, et je vogue sans fatigue sur un beau lac, dans ma vallée natale ; elle fuyait, bannie par celui qui devait la chérir et la protéger : tous les miens me suivent et me témoignent leur tendresse. Nous ne verrons pas un ange apparaître ; mais Dieu, l'invisible, est près de nous lui-même ; avec son aide nous trouverons la source d'eau vive sur le bord opposé, comme nous l'avions trouvée au Rivage. Croyez-moi, mes enfants, la riche Sara elle-même, sous les tentes d'Abraham et près de son Isaac, ne me fait pas envie ; car enfin, lorsqu'elle eut fait chasser inhumainement sa pauvre esclave avec l'enfant, elle dut avoir des remords! »

Depuis quelques moments, le temps était devenu sombre ; des masses de nuages s'étaient amoncelées devant la lune, et cette obscurité soudaine rendit à nos passagers leur tristesse. « N'avons-nous point d'orage à craindre? dit Juliette un peu tremblante. — Non, ma petite sœur, répondit Charles doucement, sois tranquille ; d'ailleurs, nous approchons du bord. » André fit remarquer qu'on pouvait à peine distinguer la rive opposée, comme une grande ligne sombre. « Mais quelle est cette flamme? s'écria-t-il aussitôt. — Je viens de l'apercevoir, dit Juliette, comme un point brillant. Voyez comme elle augmente! — Hélas! dit Isabelle, en soupirant, il me semble que c'est exactement dans la direction du Rivage! — N'est-ce pas un adieu de Cravel? » reprit André ; et Charles dit à son tour : « Je le crains ; il se donne peut-être le plaisir de brûler notre cabane. — Ne soupçonnons pas le mal, » dit la mère ; sur quoi, Juliette s'écria : « Oh! il fait son devoir! le neveu lui aura donné des ordres. — Il n'en avait pas besoin, dit le jeune frère. Nous savons assez de quoi il est capable. Il a voulu nous témoigner sa haine de loin comme de près! — André, mon enfant, tu parles comme si tu étais sûr de ton fait, et cependant la charité ne soupçonne point le mal. » Cette réflexion ramena le silence, mais elle ne put empêcher ces jeunes têtes de s'échauffer sur l'idée qu'elles avaient conçue. Tous les regards suivaient les progrès de la flamme ; l'image, réfléchie dans le lac, touchait à l'objet sans intervalle, ce qui faisait juger que le feu était tout près du bord. Au bout de quelques instants, la flamme s'éteignit, aussi promptement qu'elle s'était allumée, et André ne put s'empêcher de dire à demi-voix : « Des roseaux et des joncs ne sont pas longs à brûler! »

40. — L'autre bord.

Ils touchaient à la rive, lorsqu'un autre objet fixa leur attention. Ils virent une petite lumière sur la grève, et distinguèrent bientôt deux hommes, dont l'un portait une lanterne. Un cri partit du bord : Charles y répondit. C'étaient en effet le vigneron et son fils, qui reçurent les exilés avec les témoignages de la plus vive amitié. Ils les aidèrent à débarquer, eux et leur petit troupeau. On tira le bateau sur le sable ; on l'attacha solidement à un pieu ; on cacha les rames sous les broussailles, puis la petite troupe se mit en marche le long du bord. La cabane promise était près de là, à quelques pas du lac. Ce n'était qu'une pauvre cahutte, composée d'une seule pièce, avec un galetas au-dessus. Cependant cette chambre unique, devant servir de cuisine au temps des vendanges, avait une cheminée. Le bon Rodolphe alluma un grand feu de sarments. Il avait apporté un pot de petit vin nouveau et quelques provisions. Nos voyageurs ne touchèrent pas pour le moment à ce qui leur était offert ; mais le feu clair et vif leur fit beaucoup de bien. Rodolphe, jugeant qu'ils avaient grand besoin de repos, se retira avec son fils ; Charles les aida à emmener les moutons et la volaille. Les deux chèvres, indispensables au déjeuner, restèrent avec Minet et Caniche, qui, retrouvant le coin du feu, n'avaient pas demandé, pour se blottir devant, sur quelle rive ils étaient. Charles revint au bout d'un quart d'heure, la maison de Rodolphe n'étant pas éloignée. Alors la veuve et les enfants se couchèrent, tout habillés, l'un sur un matelas, l'autre sur la paille, et tous finirent par trouver le sommeil.

Le réveil fut pénible. Le jour naissant n'éclairait que des objets qui parlaient à nos amis de leur infortune ; ils se trouvaient tout dépaysés, et, malgré le voisinage du lac, ils se croyaient dans un monde nouveau ; ils voyaient loin d'eux ce qui les avait toujours environnés, et il leur semblait toucher de la main ces montagnes, qu'ils n'avaient contemplées que de loin pendant toute leur vie. La vigne effeuillée et des murailles arides pressaient de tous côtés leur triste demeure ; plus de jardin, de verger, de fontaine. Au Rivage, ils n'avaient non plus qu'une cabane, mais quelle différence de ce petit ménage, où chaque chose était si bien casée à sa place, avec le pêle-mêle affreux qui les entourait! Cette confusion d'objets entassés jetait dans leurs esprits le trouble et l'inquiétude ; les soucis d'un avenir incertain rendaient bien plus pénible leur condition présente. Jetés pour quelques semaines peut-être dans ce nouveau gîte, oh! comme ils regrettaient le moment, d'ailleurs si difficile, où ils étaient venus s'établir dans la chétive cabane de roseaux, avec de si belles espérances!

La veuve dit enfin à la famille découragée :

« Lorsqu'on détruit un nid d'hirondelles, les pauvres oiseaux voltigent et crient quelques moments alentour, et bientôt ils recommencent à bâtir une nouvelle maison : aurons-nous moins de courage que les hirondelles? Nous ne passerons ici, je l'espère, qu'un temps fort court ; cependant il faut sortir de la confusion où nous sommes, et mettre un peu d'ordre dans tout ceci. » Alors ils se mirent à l'ouvrage ; ils remplirent de foin et de paille le galetas, en y ménageant une place, que Charles et André se réservèrent, afin de laisser la chambre toute entière à la mère et aux sœurs. On casa, on empila comme on put dans cette chambre, fort petite, le modeste mobilier. Il se trouva tout à côté pour les chèvres un petit abri, qui servait à serrer des outils dans la saison des travaux.

41. — Une visite chez Rodolphe.

Quand Rodolphe revint, il trouva ses amis un peu plus tranquilles ; il les invita à dîner. Il était en même temps vigneron et fermier du domaine. La famille exilée se rendit avec lui dans sa modeste mais confortable demeure. « Vous voyez toute ma fortune, » disait Rodolphe, en leur montrant ses récoltes, ses instruments aratoires, son troupeau de cinq vaches et son mobilier, fort complet, mais d'une antique simplicité. « Je n'ai pas de terres à moi, ajouta-t-il, et je n'en ai pas trop de regret. Celles que je cultive me rapportent, je crois, beaucoup plus qu'au maître, et j'en jouis certainement bien plus que lui. Il est le propriétaire ; mais, en payant une rente, je suis l'usufruitier. J'ai vu cette campagne passer déjà dans plus d'une main : ces arbres, ces champs, me connaissent beaucoup mieux que leurs maîtres passagers, qui font ici quelques rares visites, et puis disparaissent comme des ombres. Au reste, mon sort est assez doux, parce que j'ai, comme on dit, plusieurs cordes à mon arc : je suis vigneron, laboureur, berger, un peu tout : c'est moins chanceux. Quand la vigne manque, le pré donne abondamment ; si mon herbe est brûlée, mes raisins sont dorés. — J'aime à vous voir si content, lui disait Charles ; pour moi, je l'avoue, j'ai toujours désiré d'avoir un petit coin de terre à moi. C'est pour cela que j'ai tant travaillé au Rivage, et vous me voyez prêt à recommencer : on ne perd pas si vite courage à vingt ans. Je prendrai avec mon frère des terres à défricher ; le fruit de nos efforts paiera, je l'espère, le prix d'achat, et nous nous verrons un jour propriétaires d'un petit bien. — Projet très-louable et très-bon, répondit Rodolphe. Vous serez heureux à votre manière : tous les états, Dieu merci, peuvent mener au bonheur ; et l'on peut fort bien ne pas le trouver dans un château comme celui de mon maître. Aussi monsieur n'y vient-il presque jamais, et c'est dommage! une maison si magnifique! »

Les jeunes filles ayant exprimé vivement le désir de la visiter : « J'en ai les clefs, leur dit-il ; je vous ferai tout voir. Je n'aurais pas osé vous en faire la proposition maintenant. — Mes pauvres filles oublient qu'elles n'ont plus ni feu ni lieu, dit la bonne mère ; la curiosité l'emporte chez elles sur la crainte d'avoir à faire une triste comparaison. — J'espère qu'elles auront d'autres pensées, dit Rodolphe ; elles remplaceront bientôt ce qu'elles ont perdu ; d'ailleurs beau logement n'est pas contentement, comme je dis quelquefois, quand je pense à nos maîtres. »

On se rendit au château. Isabelle et Juliette, qui n'avaient jamais rien vu de pareil, admiraient tout et se récriaient « Comment se fait-il, disait Isabelle, qu'on possède une si belle maison et qu'on ne l'habite pas? — Notre maître est retenu à la ville par les devoirs de sa charge. Il habite un appartement encore plus somptueux, où il ne cesse pas de regretter la campagne. Si j'étais libre! dit-il souvent ; en effet, il est esclave de sa dignité ; car nous avons tous nos chaînes, et celles d'or sont plus pesantes que celles de fer. Au reste, vous voyez ici des lits moelleux, superbes, des couvertures et des rideaux de soie ; cependant mes pauvres maîtres y passent de bien mauvaises nuits. Madame a des maux de nerfs, des vapeurs, des misères, que sais-je moi? qui la tourmentent sans cesse ; monsieur est souvent pris de la goutte, et il en souffre à crier. Si quelquefois ces maux leur laissent du relâche, ils se rongent l'esprit, en pensant à M. Philippe, leur fils unique, capitaine de vaisseau, qui a déjà essuyé deux naufrages, et qui cherche le troisième aux Grandes-Indes. Allez, mes amis, ces riches sont souvent bien misérables. Quand monsieur vient ici, il me conte ses peines, et je tâche de le consoler. J'attends sa visite à présent ; il me l'a fait annoncer, dans cette saison cela m'étonne un peu. — Approuvera-t-il, dit Susanne, l'hospitalité que vous nous avez donnée? — Lui? Il me grondera de n'avoir pas mieux fait, et de vous recevoir si mal. Il aurait trouvé le moyen de vous loger dans quelque pavillon. Il est si affable, si obligeant! A-t-il souvent amusé mon petit Julien! tenez, par exemple, avec cet instrument, que vous voyez braqué, comme un petit canon, devant la fenêtre. C'est un téles… — Un télescope, » dit Julien, qui vint au secours de son père.

42. — Le Télescope.

Charles, qui avait entendu parler de cet instrument, demanda s'il ne pourrait pas y regarder. « Certainement, reprit le vigneron, et vous verrez des choses merveilleuses. Sur vos montagnes, de l'autre côté, où vous apercevez à peine les chalets à la simple vue, vous verrez les vaches et vous distinguerez les rouges, les noires et les mouchetées. — On peut donc voir l'autre bord? dit Juliette. — Sans doute, comme si l'on y était. » Julien, ayant disposé l'instrument, demanda aux Baudry ce qu'ils voulaient voir : « Le Rivage! » répondirent tous les enfants.

« Le Rivage? C'est bien facile : je l'ai vu très-souvent. » Julien chercha un instant, et, lorsqu'il eut trouvé la place : « C'est singulier, dit-il, voilà bien les arbres, les rochers, et je ne vois pas la maison! — Je crois bien, dit André, l'intendant l'a brûlée. » Et il conta, en quelques mots, ce qu'ils avaient vu sur l'autre bord, pendant la traversée. « En effet, reprit le jeune vigneron, je vois une place toute noire, comme celles où l'on a fait le charbon à la montagne. »

Chacun voulut constater cette observation de Julien, et chacun vit comme il avait vu. — « N'accusez pas encore l'intendant, dit la charitable Susanne ; un autre peut avoir mis le feu ; l'incendie peut être l'effet d'un pur accident. Laissez-moi donc, pour croire le mal, attendre que j'y sois forcée. » Pendant que la mère faisait ces réflexions, dont Rodolphe approuvait la sagesse, les enfants regardaient tour à tour le lieu qu'ils avaient quitté avec tant de regrets. Ils signalaient les moindres détails, s'étonnaient de pouvoir les distinguer, et gémissaient à ce triste spectacle, auquel ils ne pouvaient s'arracher. L'instrument, en rapprochant pour eux la distance, semblait rapprocher aussi le passé, et le faire naître une seconde fois.

André avait l'œil fixé, depuis un moment, sur l'oculaire : soudain il s'écrie en frémissant : « C'est lui! — Qui donc? — Cravel. » Isabelle, Juliette, tous, Susanne elle-même, voulurent le voir : tous le reconnurent parfaitement. André s'empara de nouveau du télescope, et, suivant Cravel dans tous ses mouvements : « Il marche, disait-il ; il s'arrête, il regarde le lac : il pense à nous sans doute, le méchant! Il ne se doute pas que je le vois!… Il porte quelque chose comme un bâton, un levier… Le voilà auprès de ma jolie basse-cour. Il ouvre la porte, il entre, il sort… Ah! le monstre! il frappe, il brise tout! »

André n'y tint pas plus longtemps ; il quitta l'instrument, et se promenait à grands pas dans la salle. Tous les autres assistants vérifièrent et confirmèrent l'observation du jeune homme. « Il se croit seul, dit Susanne ; l'insensé!… Et tous les témoins de sa fureur ne sont pas ici ; il en est un… Je me trompe, il est ici, comme nous ; mais il est aussi de l'autre côté, il est partout. — Eh bien, ma mère, dit André, croirez-vous cette fois que Cravel ait brûlé la cabane? — Après ce que j'ai vu, mon enfant, je crois qu'il a pu la brûler, mais je ne l'affirme pas ; un soupçon n'est pas une preuve. » Ensuite elle dit tout bas quelques mots à Julien, qui donna une autre direction au télescope ; quand Susanne fut assurée qu'il avait fait ce qu'elle désirait : « Regarde à présent, » dit-elle à André. Le jeune garçon s'étant mis en posture : « Que vois-tu? lui dit-elle. — Je vois le clocher et la croix de notre église paroissiale. » Puis, en se retirant, il ajouta d'un ton pénétré : « Ma mère, vous n'avez pas besoin de paroles pour vous faire comprendre : vous me montrez le signe de la rédemption, pour m'avertir que je dois pardonner. »

Isabelle et Juliette auraient bien voulu passer encore quelques moments au Rivage, avec le secours du merveilleux instrument ; Charles prit la parole : « Voilà bien du temps donné aux regrets ; songeons à l'avenir et pensons à l'établissement que nous voulons fonder plutôt qu'à celui dont nous voyons la ruine ; le temps de notre ami Rodolphe est précieux : laissons-le à ses affaires, et allons aux nôtres. »

43. — C'est lui-même.

Comme ils sortaient du château, une belle voiture entra dans la cour. C'était celle du maître. Il arrivait accompagné d'un monsieur qui paraissait âgé, et qui descendit pourtant de voiture assez lestement, après quoi il porta ses regards de tous côtes. Les Baudry, l'ayant considéré en passant, se regardèrent ensuite les uns les autres, comme pour se consulter et se faire part de leur surprise. « Serait-ce le malheureux fugitif que nous reçûmes un soir au Rivage, et qui voulait tant de mal aux riches? » C'était lui en effet ; mais sa fortune avait bien changé, et il ne reconnut point ses hôtes, que d'ailleurs il ne devait pas s'attendre à voir sur ce bord.

Le vigneron, retenu par son maître, fut obligé de quitter les Baudry, qui se retirèrent dans la cahutte. Pendant tout le jour, il virent l'étranger parcourir la campagne avec le propriétaire. Rodolphe les suivait pas à pas. On allait et on venait, on s'arrêtait ; c'était une inspection minutieuse, non une simple visite. « Si je ne me trompe, dit Susanne, c'est un acheteur que nous voyons là. »

Le vigneron vint en effet apprendre à ses amis, dès le lendemain, que le domaine avait changé de maître. Bientôt ils virent le nouvel acquéreur se promener partout avec l'air d'importance que prennent beaucoup de gens en pareille occasion. Il était déjà entouré d'ouvriers. Il visita enfin la vigne et la cahutte, et demanda quels étaient ces locataires. Informé de ce que Rodolphe avait fait, il trouva fort mauvais qu'on eût disposé de ce refuge pour un autre usage que celui auquel il était destiné, et il fit dire à la veuve et à ses enfants qu'ils eussent à vider sur-le-champ la maison. Il avait, disait-il, de grands projets. On allait démolir cette baraque, arracher la vigne, planter des bosquets. Il n'y avait pas un moment à perdre avant les premières gelées.

Charles se rendit auprès du nouveau maître, pour tâcher d'obtenir un répit de quelques jours. L'homme refusa durement. Charles lui dit sans aigreur : « Vous êtes donc bien changé, monsieur, depuis que j'ai eu l'honneur de vous donner l'hospitalité? — Vous, l'hospitalité? — Oui, monsieur, là-bas, sur l'autre bord, dans une cabane aussi pauvre que cette cahutte.

L'étranger, à qui la mémoire était revenue tout à coup, ne put s'empêcher de faire un mouvement de surprise, mais, l'ayant réprimé d'abord. « Je ne sais ce que vous voulez dire ; vous me prenez pour un autre. — En effet, vous n'êtes plus le même, car, sans cela, étant devenu riche, vous auriez mis vos leçons en pratique, et vous seriez humain. « L'étranger lui tourna le dos et dit aux ouvriers : Vous abattrez cela dès aujourd'hui. » Là-dessus il rentra dans sa belle résidence, dont il avait déjà pris possession.

44. — Un dernier refuge.

La douleur de la famille fut extrême. Encore un asile d'où ils étaient chassés! Le vigneron accourut, quand il sut la fâcheuse nouvelle. Il était, pour son compte, aussi affligé que ses amis. Il perdait un excellent maître, et il en aurait un méchant. Il ne pourrait pas y tenir ni s'accoutumer à cette dureté, qu'il n'avait rencontrée chez aucun des prédécesseurs. Cependant on ne pouvait pas le chasser, lui, comme cela ; il avait un bail. On ne pouvait l'empêcher de recevoir dans son appartement qui bon lui semblait. « Venez donc, mes amis, disait-il ; retirez-vous chez moi, en attendant que nous ayons trouvé pour vous quelque chose de convenable. — Non, dit la veuve ; nous n'irons pas chez vous : car nous vous ferions tort auprès du nouveau venu, qu'il vous importe de ménager. Notre présence doit lui déplaire. Quand on oublie si lâchement sa première fortune, on n'aime pas à voir les gens qui l'ont connue. D'ailleurs je ne pourrais me résoudre à passer une seule nuit sur les terres d'un hôte ingrat. — Où logerez-vous donc, je vous prie? — Où nous pourrons, à la garde de Dieu. — Mère, s'écria André avec exaltation, je sais un refuge digne de notre misère ; c'est une habitation faite pour de pauvres sauvages comme nous. J'ai vu, à l'endroit même où notre bateau est à sec, une grotte assez profonde. Elle m'a déjà protégé contre une averse ; avec quelques précautions, elle peut nous préserver du froid. Venez, on nous y souffrira peut-être! — Nous irons! » répondirent soudain d'une voix unanime la mère et les enfants. Le fermier essaya vainement de les retenir. Déjà ils vidaient la cahutte ; ils déposaient leurs provisions et leurs effets sur la grève ; ils portaient dans le bateau tout ce qu'ils avaient de plus précieux, et le couvraient de la voile comme d'une tente. C'était un spectacle douloureux et admirable tout à la fois de voir ces pauvres gens lutter contre la mauvaise fortune. Les jeunes filles ne montraient pas moins de courage que leurs frères ; la mère présidait sans trouble à ce nouveau départ. Pendant que Rodolphe les aidait en soupirant, Julien accourut : « Mon père, il se passe du nouveau chez nous. — Quoi donc? — Des gendarmes arrivent. — Que veulent-ils? — Je ne sais. Venez à notre secours. — Je vous reverrai bientôt, » dit Rodolphe aux Baudry, en se disposant à suivre son fils.

45. — Qui était l'hôte du Rivage.

Rodolphe ne fut pas libre de revenir aussitôt qu'il l'aurait bien voulu. Pour comprendre ce qui se passait chez lui, il est nécessaire de savoir qui était l'hôte du Rivage, et ce qu'il était devenu depuis qu'il avait quitté les Baudry en homme qui redoute les poursuites de la justice.

Pierre Lastec était entré de bonne heure dans le courant révolutionnaire. Il avait embrassé par orgueil et par ressentiment une cause que de tout autres motifs rendaient chère aux nobles cœurs. En se proclamant défenseur de la liberté, il n'avait pensé qu'à lui-même. Les droits de l'homme c'était seulement les droits de Lastec. Roturier et pauvre, il avait souffert l'oppression : il voulait la faire souffrir à son tour. Étant devenu démocrate par égoïsme, il fut démocrate insatiable, comme la passion qui l'animait. Jamais la victoire de son parti n'était assez complète ; jamais les riches et les nobles n'étaient assez humiliés, écrasés, anéantis. Il marchait donc toujours à la tête des plus pressés ; enfin il se trouva impliqué dans la conspiration de Babeuf, qui voulait, comme on sait, abolir la propriété et la famille, pour mettre ses horribles folies à la place de ces institutions divines.

Lastec, poursuivi avec ses complices, se cacha longtemps, puis il s'évada ; c'est alors qu'il parut chez les colons du Rivage. Ensuite il parvint à faire perdre sa trace ; il changea de nom. Sa conduite antérieure demeura inconnue ; il parut avoir oublié lui-même son passé. Il avait cherché vainement à s'élever en abaissant les autres ; lorsqu'il vit l'ordre social raffermi sous la main puissante du Premier Consul, il courut à la fortune par d'autres chemins. L'ennemi de la propriété devint fournisseur d'armée. Malgré la sévère vigilance du chef de l'État, on sait combien d'abus se glissèrent dans cette partie de l'administration, encore mal organisée ; combien de bénéfices illégitimes se firent aux dépens du trésor et des soldats. Lastec, audacieux et fripon, acquit promptement, dans ce nouvel emploi, une fortune considérable.

Il était vieux, il voulut se hâter de jouir, c'est-à-dire d'étaler impudemment une fortune acquise frauduleusement. « A mon tour ! » disait-il, comme autrefois sous le toit de Susanne. Le château de V... lui parut une demeure digne de lui ; il en devint acquéreur, comme on l'a dit plus haut. Cependant ses richesses mal acquises avaient fixé l'attention d'administrateurs justes et sévères. Un rapport fut adressé au chef de l'État, qui ordonna d'abord de plus amples recherches, puis l'arrestation, dès qu'on eut des preuves suffisantes. Le coupable eut-il vent de ce qui le menaçait, ou vit-il de loin approcher les gendarmes ? On ne le sait pas ; ce qu'il y a de sûr, c'est qu'au moment où ils cernèrent la maison, Lastec n'y était plus. On craignit que le fermier et ses fils ne voulussent favoriser sa fuite, et l'on s'assura de leurs personnes, pendant les premières perquisitions.

Les pauvres Baudry, ignorant ce qui se passait, continuaient leur déménagement. Le soir, à la nuit close, ils furent installés dans la grotte. Les enfants se désolaient de voir leur mère si mal abritée. « Nous menons une vie de Bédouins, disait André. — Je commence à m'y faire, » répondait Susanne en souriant. L'expérience rendait les deux frères ingénieux à trouver de nouvelles ressources ; ils savaient tirer parti de tout. Voyant donc la grotte assez spacieuse, ils entassèrent à l'entrée des bottes de foin, comme une muraille, en ne laissant qu'un étroit passage, qu'ils se proposaient de fermer plus tard. Ils étendirent de la paille sur le sol. La grotte ne présentait d'ailleurs aucune humidité, si bien que Susanne en vint à faire l'éloge du nouveau gîte, où l'on veilla quelque temps à la clarté de la lampe. « Ce logement vaut bien celui que nous quittons, disait en souriant la bonne mère, et, cette fois, c'est André qui nous héberge. Nous avons lu des histoires de pieux solitaires, qui ont passé leur vie dans des retraites non moins sauvages que celle où nous passerons tout au plus quelques nuits. Ne me laissez donc pas voir tant de tristesses, mes bien-aimés! Plus le Seigneur nous éprouve, plus je crois qu'il nous chérit, et je me trompe fort, ou ce redoublement de peines nous promet, si nous le supportons sans murmurer, un prompt changement de fortune. Car on a beau dire, c'est presque toujours dès ce monde que la vertu est récompensée et que le vice est puni. »

46. — Où coucheront-ils enfin?

La mère faisait ces réflexions pendant le repas du soir, qui fut, on l'imagine, simple et frugal ; telle auberge, tel souper. Juliette disait : « Cela ne va pas trop mal, pourvu qu'on nous laisse enfin tranquilles. Je ne serai pas fâchée de pouvoir dire que j'ai passé une nuit comme les ermites. » Charles et André s'entendirent pour veiller tour à tour auprès du bateau, où se trouvait la meilleure partie de leurs effets. Quand la nuit fut venue, Charles se mit le premier en faction, il se promenait de çà de là sur le bord, enveloppé d'un manteau grossier ; soudain il aperçut, derrière une haie, un homme qui se glissait furtivement vers le rivage. Ce personnage, s'étant approché du bateau, le considéra un moment, et chercha des yeux les bateliers. Charles s'avança, et la clarté de la lune lui permit de reconnaître, à sa grande surprise, le nouveau propriétaire, qui l'avait expulsé si durement. La surprise de Lastec ne fut pas moins grande, et ne fut nullement agréable.

« Ce bateau est à vous? dit-il vivement. — Oui. — Eh bien déchargez tout cela, je vous prie ; passez-moi vite de l'autre côté, et vous aurez une belle récompense. — Encore vous, mon hôte? Ainsi nous sommes destinés à nous rencontrer partout, et vous me demandez toujours le passage? C'est impossible à présent ; non que j'y mette de la rancune, mais je ne peux quitter ma famille, que vous avez délogée. — J'en suis au désespoir, mon ami, d'autant plus que je ne peux réparer mes torts. — Monsieur, ils sont graves, soit dit franchement ; on est doublement coupable d'offenser l'humanité, quand on la prêche si bien. — De grâce épargnez-moi ; je suis dans la plus fâcheuse position. Voici une bourse pleine d'or ; passez-moi de l'autre côté ; elle est à vous. — Vous m'étonnez, monsieur, et je craindrais de mal servir le pays, si je vous aidais à fuir. — Point du tout, mon jeune ami : il s'agit de ce qu'on appelle un délit politique, c'est-à-dire que je ne suis pas le plus fort. Sauvez une victime de la tyrannie… — Consultons ma mère. — C'est du temps perdu, et je n'ai qu'un moment peut-être pour échapper à mes persécuteurs! — Permettez, monsieur, je ne suis pas libre de vous obéir. »

Lastec suivit Charles jusqu'à la grotte, avec la plus grande répugnance. A peine étaient-ils arrivés, que le vigneron, accourant d'un autre côté, s'écria de loin : « Venez, mes amis, venez chez moi. Plus de risques maintenant. Vous serez mieux, et ces messieurs le permettent. » Ces messieurs étaient deux gendarmes, à qui le bon Rodolphe avait conté, avec indignation, ce qui s'était passé dans la cahutte. Touchés de pitié (car ces gens-là sont aussi bons que braves), ils s'étaient empressés de l'accompagner jusqu'à la grotte, afin d'inviter les Baudry à passer la nuit dans la ferme. Aussitôt que Lastec les aperçut, il essaya de fuir ; mais ils l'eurent bientôt pris, et, lorsque le signalement leur eut fait connaître l'identité : « Vous êtes libres, messieurs, » dirent-ils à la petite troupe, en s'éloignant avec leur prisonnier. « Nous tenons l'homme, et nous partons à l'instant. » Resté seul avec les Baudry, Rodolphe leur dit : « Je vais retourner, selon toutes les apparences, à mon premier maître : revenez aussi à votre premier logement. » Ensuite il leur conta en peu de mots ce que les gendarmes lui avaient appris sur ce M. Lastec. « Je me rappelle encore, dit la veuve, les discours que cet homme tenait sur l'autre bord, et je ne suis pas surprise de ce qui lui arrive sur celui-ci. — Ma mère, dit Juliette avec effroi, allons-nous encore déménager ce soir? — Non pas, dit Rodolphe, vous passerez la nuit chez moi : Julien gardera vos effets. » Sur quoi, Charles dit à son tour : « J'accepte votre hospitalité pour ma mère, mes sœurs et mon frère, mais je ferai la garde moi-même. — Jusqu'à minuit, je le veux bien, lui répondit Rodolphe, mais Julien viendra vous relever. » Des choses ainsi réglées, le vigneron s'éloigna avec le reste de la famille, et Charles demeura seul au bord du lac.

47. — La veille de Charles.

Heureux de savoir que sa mère et ses sœurs passeraient une bonne nuit, Charles n'était pas fâché de rester seul quelque temps, pour se livrer enfin en toute liberté à ses regrets. La situation où il se trouvait en ce moment lui rappela le jour où, s'étant assis sur la grève de l'autre bord, il avait fait ses premiers projets de fortune. Couché à l'entrée de la grotte sur quelques bottes de foin, de sa dernière récolte, il regardait le lac, les montagnes et le rivage, que la lune éclairait de sa douce et triste lumière.

« J'ai perdu cinq années de ma vie, disait-il avec amertume. Que je suis éloigné du moment où je faisais la moisson des roseaux! Combien de travaux ont rempli l'intervalle! Et me voilà, comme autrefois, couché sur le sable! Moi!... qu'importe? je ne songe pas à moi. C'est vous, bonne mère, c'est vous, pauvres sœurs, qui me coûtez ces larmes! Je me hâte de les répandre à l'écart ;

mais vous n'en verrez pas trace demain sur mes joues. Je saurai vous sourire gaîment ; je ne vous parlerai que d'espérances.

« Elles ne verront donc plus ce Rivage, qu'elles aimaient tant, parce qu'il était l'ouvrage de Charles! Elle n'est donc plus cette chère cabane, où nous supportâmes si doucement la pauvreté! Les secrets innocents de notre vie patriarcale s'en sont allés en fumée avec les joncs et les roseaux! Où retrouverai-je ce que j'ai éprouvé devant ce foyer, grossière ébauche de mes mains ; au milieu de ces cultures, ma lente et paisible conquête ; au bord de cette fontaine, que j'ai tirée pour d'autres du sein de la terre? D'autres lieux me donneront, je l'espère, du pain pour la famille ; mais le bonheur, je ne dois pas le retrouver : il ne sait pas renaître ; il ne se transplante pas avec nous ; il s'attache aux lieux où nous l'avons rencontré pour la première fois, et, si nous les quittons, il nous quitte.

« Je n'aimerai jamais rien autant que le Rivage. Pauvre petit domaine, je m'étais donné à toi pour toute la vie! J'avais espéré de vieillir et de mourir chez toi. C'est là, me disais-je, qu'après de longs travaux, j'assurerai enfin à ma mère et à mes sœurs une véritable aisance. Tant qu'elles auront besoin de moi, je serai tout à elles ; personne ne partagera mon affection avec celles à qui j'ai tenu lieu de tout. Ces projets étaient bons, ma conscience les approuvait ; Dieu les renverse : j'adore ses incompréhensibles desseins!

« Je lui rends grâce encore de ce que j'ai conservé dans la misère l'honneur et la liberté! Avec son secours, j'en saurai faire un bon usage. Mon infortune est le bonheur même, quand je la compare à l'état horrible de cet homme que l'on vient d'arrêter sous mes yeux. Il voulait être riche à tout prix, je ne souhaitais que de vivre honnêtement et de faire vivre ma famille ; nous sommes ruinés tous les deux : mais quelle différence dans notre sort! La honte le courbe vers la terre, où il voudrait se cacher et disparaître : le sentiment de l'innocence me relève, me raffermit, me rappelle, au milieu des hommes, à de nouvelles entreprises, qu'ils suivront de leurs vœux et qu'ils aideront de leur appui, car la malice est rare et la bienveillance commune, mille bonnes âmes nous feront oublier les injures d'un méchant. »

C'est ainsi que l'honnête Charles s'affligeait et puis se consolait à l'entrée de la grotte ; enfin, sentant que l'heure tardive amenait le sommeil, il y cédait sans trop de résistance, parce qu'il voyait la plage déserte, et qu'il s'était accoutumé depuis longtemps à laisser beaucoup de choses à la garde de Dieu. Dans ce vague intervalle qui sépare la veille du sommeil, il faisait encore de beaux projets d'établissement dans les friches du voisinage ; il réformait ses premiers desseins ; il donnerait moins à la fantaisie et davantage au produit solide ; il bâtirait lui-même une cabane de pisé ; il s'attacherait à la culture des céréales et des prairies artificielles ; il aurait bientôt du bétail en abondance ; il voyait alterner dans ses champs le trèfle sanguin, le colza jaune, l'esparcette rose ; enfin, comme la Perrette de La Fontaine, il rêvait *veau, vache, cochon, couvée* : pauvre Charles, seras-tu réveillé aussi tristement que la naïve laitière?

Au milieu de cette insomnie délirante, il revenait par moments à ses premières affections ; il voyait sur l'autre rive du lac les maisons, les arbres, et ses voisins à travers les branchages ; quelques bateaux passaient, chargés de joyeux promeneurs, qu'il entendait répéter ensemble sa chanson favorite :

Rien n'est si beau que cette plage ;

Le vrai bonheur est ici mon partage :

Séjour de l'éternelle paix,

Objet sacré de nos souhaits,

Soyez pareil à mon rivage.

48. — Est-ce un rêve?

Ces paroles semblaient venir jusqu'à lui, toujours plus fortes et mieux accentuées ; il prêtait l'oreille en se disant : « Je rêve, » et il écoutait toujours ; puis les voix faisaient silence et des rires joyeux y succédaient. Ces rires provocateurs l'excitaient lui-même ; il se mêlait à cette gaîté folâtre, et, le sourire sur les lèvres, il prononçait quelques paroles confuses. Cependant les rires cessent à leur tour ; des conversations bruyantes s'établissent ; la surface de l'eau apporte jusqu'à ses oreilles des paroles distinctes ; enfin il entend son nom : « Charles! Charles! » disaient les vagues murmurantes. A demi-réveillé, il lève la tête : « Charles! Charles! » répétaient les échos du rivage.

Il se lève en sursaut : « On m'appelle sans doute! » se dit-il ; et lorsque, s'étant délivré des obstacles qui l'entourent, il a pu jeter les yeux sur le lac, il voit distinctement deux, trois bateaux pavoisés, qui cinglent droit à lui. « Charles? bonnes nouvelles, bonnes nouvelles du Rivage! » Il voyait les bateaux près du bord ; il entendait les cris de joie ; il reconnaissait même la voix de ses voisins : cependant il ne pouvait en croire ni ses yeux ni ses oreilles. « Ma tête s'égare, disait-il tristement. C'est un rêve, étrange comme ma position. Ah! qu'il faut souffrir pendant le jour, pour avoir la nuit de si folles idées! »

Il ne laissait pas, en faisant ces réflexions pénibles, de courir vers l'image qui l'attirait. Alors tout ses doutes cessèrent ; la lumière se fit chez lui tout à coup, et la réalité fut plus belle que le songe. On débarque ; Charles est reconnu. C'est à qui l'embrassera le premier. « Votre protecteur n'est pas mort, il est revenu ; le Rivage vous est rendu. » On voulait lui donner tous les détails : « Assez, mes amis! Je ne veux pas en savoir davantage avant ma mère. Courons auprès d'elle ; ne lui dérobons pas un instant de bonheur. »

Quelques-uns restèrent pour la garde des bateaux ; tous les autres suivirent Charles, ou plutôt le menèrent en triomphe chez le bon Rodolphe. Au bruit de leurs chansons, les chiens aboient ; le bruit redouble. Rodolphe ouvre sa fenêtre : la joie pénètre du dehors au dedans ; mais il se passe un peu de temps encore, avant que Susanne, Isabelle, Juliette, André, qui goûtaient enfin les douceurs du premier sommeil, reviennent de leur surprise, se mettent sur pied, et soient en état de recevoir les nombreux visiteurs. La cour était seule assez grande pour contenir une telle assemblée. On y descend ; Rodolphe éclaire la scène, en élevant, du seuil de la porte, sa lampe rustique, et les épanchements confus de la joie recommençaient de plus belle. Alors le bon Emmanuel, le même qui avait voulu recueillir toute la famille chassée du Rivage, monte sur un banc de pierre, et, d'une voix forte, demande la parole, afin d'instruire tous les intéressés à la fois.

« Mes amis, leur dit-il, le Rivage vous est rendu. Notre cher voisin n'est point mort, comme les journaux l'avaient annoncé : c'est un autre personnage du même nom et de la même province. Pour lui, il est arrivé ce matin, et d'abord il a chassé Cravel de sa maison. Vous ne verrez plus monsieur l'intendant, mais vous ne reverrez pas non plus votre cabane ; le misérable l'a brûlée, le soir même de votre départ, comme un monceau de chènevottes. Consolez-vous ; en vous rendant le Rivage, M. M... a résolu de vous rendre aussi une maison. Elle vaudra bien la première. C'est en son nom que je vous parle : il vous abandonne en toute propriété le petit domaine ; l'acte en sera passé demain. »

Ces paroles, plus vives que bien ordonnées, avaient toutefois informé les Baudry de ce qu'il leur importait le plus de connaître. Après le discours, les explications recommencèrent. On apprit, entre autres, que la visite du neveu avait eu pour objet l'examen secret de la conduite de Cravel, et que, ce jeune homme ayant fait un rapport sévère à son oncle, l'expulsion de l'intendant fut dès lors arrêtée. « Il faut en conclure, dit la bonne Susanne, que notre petit homme n'avait pas bien saisi une certaine conversation, qu'il expliquait avec tant d'assurance. » André répartit : « J'ai mieux vu, de notre barque, quand j'ai annoncé la cause de l'incendie ; mais je reconnais, bonne mère, qu'on peut se tromper souvent, à juger trop vite et de loin. — Mes amis, dit Emmanuel, le lac est tranquille, la nuit est belle, il faut en profiter à l'instant. Nous avons promis de ramener sans retard les hôtes du Rivage. — Il sera dit, s'écria Rodolphe avec chagrin, que je ne pourrai pas les héberger une fois ! — Bon Rodolphe, lui répondit Charles, nous reviendrons bientôt. Le lac nous sépare, mais l'amitié ne connaît point de barrières. Et d'ailleurs, ce lac n'est-il pas le plus beau des chemins pour visiter un ami ? Faites vous-même à présent la traversée avec nous ; il manquerait quelque chose à notre joie, si vous n'étiez pas là, quand nous reprendrons possession du Rivage. »

Rodolphe se joignit aux voisins de Charles. Un bateau, qui était à sa disposition, et les trois qui avaient passé l'eau cette nuit, composèrent, avec celui des Baudry, une petite escadre, qui ramena tout à la fois la famille, les moutons, les chèvres, la volaille, le chat et le chien ; on chargea sur les bateaux tout le bagage, et l'on partit en chantant.

M. M... avait fait prendre les mesures nécessaires pour que le rétablissement de nos colons dans leur enclos fût une véritable fête. A l'aube naissante, dès qu'ils furent signalés, on sonna la cloche du village, le canon de réjouissance salua leur approche : la foule les attendait au lieu du débarquement, en poussant des cris de joie, et l'on voyait flotter un drapeau sur la pointe la plus avancée du Rivage. Le bon vieillard était là quand la famille prit terre : il embrassa son jeune voisin en présence de la foule. « Honneur au travail! dit cet homme respectable. Honneur à la persévérance! Vingt fois j'ai été sur le point de faire cesser l'épreuve de mon ami Charles, en venant à son aide, comme je pouvais le faire ; mais je me suis toujours arrêté, pour lui laisser le mérite d'achever lui-même son établissement. Maintenant l'épreuve est finie, et je me livre au penchant de mon cœur, en l'aidant selon mes moyens. Charles, ce qui vous entoure est votre ouvrage ; et la justice non moins que l'amitié, me presse de vous dire : « Le Rivage est à vous. »

Trois mois après, une nouvelle habitation fut élevée à la place de la cabane ; c'était une simple maison de bois, un chalet, comme on en voit quelques-uns sur cette rive. Gracieux au dehors, il avait au dedans tout ce qui était nécessaire au bien-être d'une modeste famille. Au reste, nos colons vécurent de leur travail comme auparavant. Leur ami était trop sage pour les détourner de la voie dans laquelle ils avaient trouvé le bonheur.

HISTOIRE
DE
GERMAIN, LE VANNIER,
RACONTÉE PAR VALENTIN ***.

1. — Comment je fis la rencontre de Germain.

C'est un beau jour pour l'écolier que celui où il entre en vacances. Ce jour brillait pour moi, et, dès le soir, je quittai la ville, pour me rendre chez mes parents à la campagne. J'avais à faire un trajet de six lieues, le bâton à la main et le sac sur le dos.

On était dans les jours les plus chauds de l'année, et j'avais choisi la nuit pour faire mon voyage. Le soleil venait de disparaître, au moment où je sortais de la ville, mais je voyais, avec satisfaction, la lune se lever à l'autre bout de l'horizon ; pas un nuage au ciel, et la brise du soir, soufflant des montagnes, faisait déjà succéder à la chaleur étouffante une délicieuse fraîcheur.

Je cheminais depuis une demi-heure, livré aux plus agréables pensées ; le passé, le présent, l'avenir, me souriaient à l'envi : j'emportais de bons témoignages de mes maîtres ; j'allais revoir des parents aimés ; je faisais une course charmante. En marchant d'un pas léger, j'atteignis peu à peu une voiture au bas d'une montée, qui décida le conducteur de ce modeste équipage à mettre pied à terre pour ménager son petit cheval.

Et pourtant cet homme était un vieillard, déjà courbé par les années, et la voiture, quoiqu'elle fût d'un volume extraordinaire, n'était pas pour le cheval une charge bien pesante. Elle ne portait que des paniers, des corbeilles, des mannes et d'autres ustensiles, que fabriquent les vanniers.

La clarté du crépuscule me permit de distinguer encore en détail ces marchandises, et je fus d'abord surpris de l'élégance du travail ; ces produits attiraient l'attention par des couleurs et des formes agréables ; le tissu était souvent d'une finesse et toujours d'une régularité surprenantes.

Je ne pus m'empêcher d'en faire mon compliment au vieillard, après lui avoir adressé un salut, qu'il me rendit avec cordialité. Répondant ensuite à mes éloges, il me dit :

— Voilà plus d'un demi-siècle que je tresse l'osier : il n'est donc pas étonnant que je sois parvenu à un certain fini dans l'exécution, et qu'on aime dans le pays les corbeilles, les paniers et les berceaux de Germain.

— Ah! c'est vous, monsieur, qui êtes ce Germain le Bourguignon, dont j'ai entendu parler tant de fois! Je connais des enfants qui passent d'heureux moments dans la jolie voiture que vous leur avez faite.

— Oui, c'est moi, monsieur, qui suis Germain le vannier ou le Bourguignon, comme vous dites ; mais mon règne passe, et mon successeur sera, je l'espère, mon fils, mon Philippe, enfant de quinze ans, qui dort là-dedans sur la paille.

Je m'approchai de la voiture et j'aperçus le jeune garçon, qui paraissait plongé dans un profond sommeil.

— Il en aura pour quelques heures, dit le vieillard ; il a beaucoup marché tout le jour pour placer notre marchandise.

— Et vous cheminerez toute la nuit?

— Je vais à *** ; c'est à six lieues d'ici, et, pour ménager mon vieux serviteur, je ne vais guère qu'au pas.

— En ce cas, nous pourrons bien, si cela vous plaît, faire la route ensemble : je vais au même endroit que vous.

— Monsieur, votre compagnie me sera fort agréable. Vous avez choisi la nuit, comme moi, pour éviter la chaleur?

— Oui, monsieur Germain, et nous aurons une nuit aussi belle que le plus beau jour.

— Voilà, dit le vieillard, les premières étoiles qui se montrent ; elles ont un éclat extraordinaire. Voyez Vénus au couchant, et, là-bas à l'orient, Jupiter, qui se lève pour escorter la lune, dont la lumière ne l'empêche pas de briller lui-même comme un diamant!

— Oh! monsieur Germain, vous connaissez l'astronomie!

— Moi? pas du tout! je n'en sais pas même autant que l'almanach ; seulement, je me suis fait nommer, dans l'occasion, quelques étoiles : ce sont des choses qu'on n'oublie pas. Ah! monsieur, que le ciel est beau!

En disant ces mots le vieillard leva un peu la tête, et je pus le considérer à loisir, parce qu'il resta quelques moments plongé dans une contemplation muette. Les rayons de la lune brillaient dans ses yeux humides ; une sérénité céleste se répandit sur sa figure ; ses lèvres paraissaient articuler quelques mots : ce ne pouvait être qu'une prière. Je n'avais jamais vu, ailleurs que dans les tableaux, une tête de vieillard aussi belle et aussi expressive.

Au bout de quelques instants il reprit la parole.

— Vous me semblez, monsieur, un écolier en vacances, qui va peut-être passer les congés dans la maison paternelle.

— C'est cela même, monsieur Germain. Comment se fait-il que vous deviniez si juste?

— J'ai su par hasard à la ville que le collège a fermé ses portes aujourd'hui ; votre âge, ces livres, que j'aperçois dans votre sac, enfin votre air joyeux… Voilà tout le mystère. Heureux ceux qui sont attendus! Heureux ceux qui attendent! Pour moi, je ne suis plus attendu qu'au ciel. Vous voyez là tout ce qui me reste de ma famille!

— Vous me faites compassion, M. Germain, et, si j'osais vous demander en détail l'histoire de votre vie, je suis sûr que j'y trouverais de précieux enseignements.

— C'est possible, monsieur, car l'expérience d'autrui profite presque toujours aux cœurs bien disposés.

— Malheureusement vous allez remonter dans votre voiture et…

— Et qui vous empêche d'y monter avec moi? Venez vous asseoir à mon côté : vous prendrez la place de mon Philippe ; il ne paraît pas disposé à vous la disputer de sitôt. En allant de ce pas nous ne fatiguerons point mon cheval, et vous arriverez plus dispos chez vos parents.

L'offre était séduisante ; Germain la faisait d'ailleurs de si bonne grâce! J'en profitai. Quand nous fûmes assis sur le petit banc à dossier, nous gardâmes quelques instants le silence ; enfin, mes regards ayant exprimé l'impatience que j'avais d'entendre l'histoire du vieux Germain, il commença en ces termes :

2. — Germain commence le récit de sa vie.

« Je suis un enfant de ces montagnes. Mon village, déjà fort élevé au-dessus de la plaine, doit cependant à une exposition favorable une température encore assez douce. Nous avons des cerisiers, des pruniers, et même quelques pommiers à l'abri des murailles. La vigne et les noyers ne viennent pas jusque chez nous. Nous moissonnons de l'orge et du seigle ; nous cultivons des pommes de terre et des choux excellents.

Mais la population est trop nombreuse dans nos montagnes pour que le sol suffise à la nourrir. Or, vous savez que le montagnard est fort attaché au lieu de sa naissance ; il aime mieux la pauvreté chez lui que la richesse à l'étranger : pour ne pas quitter son clocher, ou du moins pour revenir à son ombre le plus tôt possible, chacun s'ingénie de son mieux, et l'industrie vient au secours de l'agriculture.

Mon frère Denis et moi nous n'avions hérité de nos parents qu'une pauvre maison et un arpent de terre : il n'y avait pas de quoi nous établir tous deux. Denis me loua sa part de la maison et vendit son terrain pour se faire aubergiste.

On venait de percer une nouvelle route au bas de la montagne : il crut que la fortune l'attendait là. Je fis inutilement tout ce que je pus pour le détourner de ce projet.

— Mon pauvre Denis, lui disais-je, le métier d'aubergiste est le plus ingrat des métiers. Jamais tu ne seras maître chez toi ; tu seras forcé de recevoir toute sorte de gens ; malgré tout ce que tu pourras faire, il se passera dans ta maison des scènes désagréables, peut-être même violentes ou scandaleuses ; et je serai bien trompé si tu n'es pas obligé plus d'une fois de paraître en justice comme témoin ; Dieu veuille que ce ne soit pas comme victime! Tu es bon et confiant, et dans cet état on est exposé à se voir trompé de mille manières. Tu te marieras, mais tu ne goûteras point les douceurs du ménage dans ta maison ouverte à tous venants. Et quelle éducation pourras-tu donner à tes fils et à tes filles? Mon pauvre Denis, tu devrais me croire et entreprendre tout autre chose.

Denis était l'aînée et s'estimait le plus sage : cependant ma prédiction ne s'est que trop vérifiée. Après vingt ans de soucis et de peines, mon frère est mort, laissant une veuve indigente et des enfants qui se sont dispersés pour chercher leur pain de divers côtés.

Pour moi j'étais bien décidé à ne pas quitter notre village. Là étaient morts et ensevelis mon père et ma mère. J'avais des voisins qui m'étaient attachés, et à qui je désirais d'être utile. Ce clocher encore et cette église, où j'avais prié Dieu dès mon enfance, avaient pour moi un attrait inexprimable. Enfin, monsieur, une voisine, madame Claude, élevait à côté de chez moi ma petite cousine Sophie, pauvre orpheline que j'aimais. J'avais promis à ma mère de l'épouser. C'était la fille d'une sœur qu'elle avait beaucoup aimée, et qui avait été bien malheureuse.

— Tâche, mon Germain, m'avait dit souvent ma mère, que Sophie soit plus heureuse que sa mère ne l'a été.

J'avais vingt ans, Sophie en avait quatorze, quand j'héritai de ma maison et de mon demi arpent de terre. Je dis à la voisine Claude :

— Il en sera ce que la petite voudra, mais dans quatre ans d'ici je l'épouserai, si elle veut de moi. Voyez, madame Claude, si vous trouvez bon de la disposer un jour à suivre la volonté de ma mère. En attendant gardez-moi le secret que je vous confie : ne parlez de rien à cette enfant.

— Ce serait le bonheur de Sophie, me répondit la voisine, si tu la prenais pour femme ; mais, mon bon Germain, que ferais-tu pour vivre et pour nourrir ta famille?

— Laissez-moi faire, lui répondis-je, j'ai en tête une idée qui n'est pas mauvaise. Vous verrez!

3. — Comme quoi Germain se fait vannier.

On sortait de l'hiver : je me procurai force boutures d'osier et je les plantai dans mon petit pré. Il en fut complètement garni. Le terrain y convenait à merveille ; il était gras et humide, étant arrosé toute l'année par une source abondante.

Quand on me vit planter mes osiers, on me demanda ce que je comptais faire.

— Ma fortune, répondis-je, et cette réplique fit beaucoup rire les voisins.

— Je dis ma fortune, repris-je aussitôt, parce que je me trouverai assez riche, si je peux gagner mon pain et celui de ma famille, quand j'en aurai une.

En attendent que l'oseraie fût en rapport, j'allai, aussi souvent que possible, dans un village voisin, où demeurait le seul vannier qui fût aux environs. C'était un vieillard tel que me voilà maintenant ; mais il avait une mauvaise vue, et l'on ne s'en apercevait que trop à son travail.

Heureusement pour moi il avait conservé quelques ouvrages de son bon temps ; ils me servirent de modèles, et, grâce aux explications de mon maître, je sus bientôt tout ce qu'il pouvait m'apprendre.

Cependant je ne cessais pas de m'exercer chez moi, et, comme j'avais la main naturellement adroite, et surtout une grande envie de me perfectionner, je fis encore des progrès par mes propres efforts. Chaque fois que je pouvais me procurer un modèle remarquable par l'élégance de la forme ou la beauté du tissu, je l'étudiais à fond, et il était rare que je ne parvinsse pas à l'imiter assez exactement.

Je trouvais même dans les objets naturels des idées et d'heureuses directions ; j'observais les formes des feuilles et des fleurs chez certaines plantes ; celles même de quelques animaux, et jusqu'aux œufs et aux nids d'oiseaux. Je donnais ainsi à mes produits une certaine grâce naturelle. Je me procurai de plus quelques dessins de vases et d'ornements, et j'en tirai bon parti. On s'étonnait, disait-on, de voir sortir des mains d'un paysan de si jolies choses!

Pour moi, je n'étais pas encore satisfait de mon travail. Il y a dans les plus modestes métiers un point de perfection qu'il faut savoir atteindre, si l'on veut bien réussir et mériter le nom de maître. Je prolongeai donc mon apprentissage pendant trois ans, et ne voulus commencer à vendre mes produits qu'au moment où je crus pouvoir les présenter au public avec un succès certain. Un fâcheux début cause le plus souvent un tort irréparable.

Je travaillais presque tous les soirs chez ma voisine Claude : Sophie s'exerçait auprès de moi aux mêmes ouvrages. La pauvre enfant, qui m'aimait comme un frère et qui désirait que je fusse content d'elle, fit bientôt des paniers et des corbeilles acceptables ; de mois en mois ses ouvrages furent moins imparfaits. Où ne va-t-on pas avec le zèle et la docilité? D'ailleurs les mains de la femme ont une merveilleuse souplesse, et la vannerie est une industrie qui leur convient parfaitement.

Cependant Sophie se faisait grande, et le temps approchait où notre sort devait se décider.

Un jour, quelques voisins et voisines étaient chez moi et me regardaient travailler. On louait beaucoup un joli berceau que je venais d'achever.

— Ce n'est rien que cela, leur dis-je en riant, je vous ferai voir quelque chose de mieux!

J'allai prendre dans mon magasin une corbeille à fruits, pour dessert.

Tout le monde l'admira ; les femmes ne pouvaient croire que les mains d'un homme fussent capables de tresser des fils si déliés.

— Aussi, n'est-ce pas une main d'homme qui a fait cette corbeille, c'est une main de femme, c'est celle de Sophie.

— Alors elle en sait autant que son maître, dit le voisin Louis.

— Je ne sais rien que Germain ne m'ait enseigné, répondit ma jeune parente, et je lui en serai obligée toute ma vie.

Ces paroles me touchèrent le cœur, et je dis le lendemain à ma voisine :

— Il me reste une dernière épreuve à tenter, avant de proposer à Sophie d'unir son sort au mien : je veux savoir comment je vendrai dans la plaine et ce que peuvent valoir dans les villes voisines ces paniers, ces corbeilles et tous ces brimborions que nous fabriquons avec tant de soin. Je prendrai une voiture à bras ; je la chargerai de mes marchandises, et j'irai courir le pays pour essayer de les écouler. Si ma tournée est heureuse, je vous prierai de faire connaître à Sophie le vœu de ma mère qui est aussi le mien.

4. — Premier voyage de commerce.

Je fis ce que j'avais dit. Un voisin me remit une voiture légère, qu'il avait fabriquée lui-même, et me chargea de la vendre. Je la remplis et l'habillai de mes produits. Sophie et Claude m'aidèrent de leur mieux ; l'étalage prit sous nos mains une façon qui plaisait. Des cercles, fixés sur la voiture, portaient toute sorte d'ustensiles, qui se balançaient au moindre mouvement. Ce spectacle attira presque tout le village ; on me faisait compliment sur cette exhibition de mes ouvrages, et chacun me souhaitait une bonne chance : on me la prédisait même. Quelques villageois, montrant à leurs fils la voiture chargée, leur disaient :

— Voyez ce que peuvent le travail et la persévérance!

— Attendez, mes amis, leur disais-je. Sachons d'abord quel sera mon succès. Après quoi, si mes affaires vont bien, je ne refuserai pas de prendre chez moi des apprentis. Je serais bien heureux si je prouvais à vos fils qu'on peut, sans quitter le village, gagner sa vie honorablement. C'est ce que nous saurons dans quelques jours.

Sophie et la voisine Claude m'accompagnèrent assez loin, et ne me quittèrent qu'à une demi-lieue du village. Elles me suivirent des yeux, aussi longtemps que les détours du chemin ne leur cachèrent pas Germain et sa voiture.

Dans certains endroits j'avais de la peine à la retenir à cause de la pente rapide ; quelquefois, si le chemin était rocailleux, je ne me fatiguais pas moins à la traîner. Il est dur d'être à la fois le cocher et le cheval. Patience, me disais-je, peut-être finirai-je par posséder au moins un âne ou un mulet.

Mon entrée dans le premier village de la plaine fit événement. On n'avait pas encore vu chose pareille. Les femmes et les enfants me suivaient, en m'adressant questions sur questions. Il y avait au bout du village une maison plus belle et plus grande que les autres : je m'arrêtai un moment devant la porte ; il en sortit une petite demoiselle qui s'écria :

— Maman, maman, viens voir les jolies choses!

La maman parut à son tour, et me demanda si ces objets étaient à vendre et qui les avait fabriqués.

— Ils sont à vendre, madame, et ils sont tous de ma fabrique.

— Combien donc me demanderez-vous pour cette jolie corbeille?

— Madame, je n'en sais vraiment rien ; vous êtes la première personne avec qui j'ai affaire. Je fais mon premier voyage, une tournée d'essai.

Là-dessus je donnai quelques explications, et la dame, qui m'écoutait avec le plus vif intérêt, me fit entrer dans la cour avec la voiture. On me dit de m'asseoir sur un banc de pierre ; on me servit quelques rafraîchissements, et encouragé par la bonté de mes hôtes, je fis mon histoire en détail.

La dame, qui me témoignait tout l'intérêt d'une amie, me dit enfin :

— Puisque vous désirez fixer vos idées sur le prix que peuvent valoir vos produits, vous ferez bien d'aller jusqu'à la ville avec tout votre assortiment. Vous y trouverez des marchands de vannerie, et vous apprendrez à connaître les prix des divers articles. Vous pourrez alors commencer à vendre, sans craindre de demander trop ou trop peu. Au retour, si vous avez encore quelques objets qui me conviennent, je les achèterai.

— Non, madame, je ne veux pas que vous ayez le rebut. Votre conseil est excellent, et il ne sera pas trop payé par cette corbeille, que je vous prie d'accepter.

— Je la prends, mais je la paie un écu, me dit-elle. Vous voilà étrenné ; le cœur me dit que cela vous portera bonheur.

Il me fallut en passer par là ; je suivis le conseil de la dame, et ne vendis plus rien avant d'être arrivé à la ville. Je vis des ouvrages du même genre que les miens. Il y en avait d'une jolie forme, mais le plus grand nombre étaient faits négligemment. C'était ce qu'on appelle de la marchandise de pacotille. Je trouvai pourtant que ces articles se vendaient assez cher, et je me dis : si l'on paie aussi raisonnablement les miens, je serai content.

Je commençai donc à circuler dans les rues avec ma petite voiture. Cet objet nouveau attira l'attention. Les connaisseurs s'aperçurent bientôt que ma vannerie était travaillée en conscience ; cependant quelques personnes croyant le pauvre montagnard simple et sans expérience, voulaient avoir les choses à vil prix ; mais d'autres furent plus justes et plus généreuses. Je vendis tout en trois jours, et je comptai avec joie dans ma bourse cent vingt-cinq francs et quelques centimes.

Il ne me restait plus que la voiture ; je la vendis, comme le voisin me l'avait demandé, et, quoiqu'elle ne fût pas d'un bien bon travail, j'en tirai quelques sous de plus que le prix fixé par le fabricant. Alors, prenant mon bâton, je m'acheminai vers nos montagnes. J'avais les pieds et le cœur bien légers, et m'en retournai plus vite que je n'étais venu.

Je saluai en passant la dame qui m'avait donné un bon conseil, et la remerciai du mieux que je sus faire. Mais que j'eus de plaisir à revoir Claude et Sophie, et qu'elles furent heureuses elles-mêmes d'apprendre le bon succès de mon voyage!

— Il ne s'agit plus que de fabriquer, leur disais-je ; le débit de notre marchandise est assuré.

5. — Germain se marie.

Sophie consentit d'être la femme du vannier ; et dès-lors commencèrent pour moi une suite de belles années, dont le souvenir m'est bien doux et fait pourtant couler mes pleurs.

— Mon Dieu, monsieur Germain, auriez-vous perdu votre bonne femme?

— Il y a six ans, me répondit-il, et il me semble que ce soit hier.

Après un moment de silence, il poursuivit son récit.

— Aussitôt que nous fûmes en ménage, nous commençâmes à travailler avec un nouveau zèle. Il fallait pourvoir non-seulement au présent, mais aussi à l'avenir. Sophie avait soin du ménage et des chèvres, qui mangeaient l'herbe de notre petit pré et les feuilles de notre oseraie. Cependant ma femme trouvait encore du temps pour travailler avec moi. Nous passâmes tout l'hiver à fabriquer de nouvelles marchandises, et quand les beaux jours furent venus, nous descendîmes, Sophie et moi, de notre montagne. Je fis un voyage plus lucratif encore que le premier, et surtout bien plus agréable.

6. — Son industrie excite celle de ses voisins.

Je ne cachai pas à mes voisins l'heureux état de mes affaires ; plusieurs m'en félicitèrent de bon cœur ; d'autres furent jaloux. Quelques-uns se disposèrent à me faire concurrence. Je leur dis avec franchise :

— Vous êtes libres ; mais veuillez réfléchir que j'ai déjà cinq ans d'expérience ; j'ai l'avance sur vous. Eh! pourquoi nous jeter tous dans le même chemin? Nous nous gênerons les uns les autres. Si j'étais à votre place, j'aimerais mieux m'ouvrir un sentier nouveau. Les gens de la plaine ont mille besoins différents : tâchons de les contenter. Vous, François, par exemple, pourquoi n'apprendriez-vous pas à fabriquer les cuves, les tonneaux, les baquets de toute sorte? Vous, Pierre, pourquoi ne feriez-vous pas des échalas? Vous, Sylvestre, des tuyaux de fontaine? Charles, vous avez deux jeunes fils, qui montrent déjà beaucoup d'adresse et d'application : faites-en des horlogers. Ils travailleront à vos côtés, et leur métier vaudra mieux que le mien. Voilà ce que je crois le plus sage ; après cela si vous préférez la vannerie, je souhaite que Dieu bénisse votre œuvre, comme je le prie de m'aider moi-même. Je ne serai pas jaloux de vos succès : soyons rivaux, mais soyons amis ; il y aura peut-être du pain pour tout le monde.

Mes avis furent très-bien reçus ; chacun se choisit une occupation qui lui offrît de bonnes chances, et j'eus le plaisir de voir le village devenir industrieux à mon exemple.

7. — Germain répare sa maison. — Bons conseils aux voisins.

Avec le secours de Sophie, je parvins à faire quelques épargnes. Aussitôt les gens me conseillèrent d'acheter du terrain. Quand même je ne payerais pas tout comptant, je pourrais achever de m'acquitter plus tard.

— Non, leur dis-je, les hypothèques me font peur. On est sûr d'avoir à payer la rente, on ne l'est pas de tirer le produit. D'ailleurs, il faut toujours aller au plus pressé ; notre maison a besoin de réparations urgentes ; je veux aussi la couvrir de tuiles. Il ne faudrait qu'un malheur dans le village, et nos maisons, couvertes de bardeaux, flamberaient comme des allumettes.

Je mis aussitôt la main à l'œuvre. J'eus lieu de m'en féliciter : dès l'année suivante, la maison d'un voisin prit feu pendant la nuit ; elle fut consumée tout entière, et les étincelles communiquèrent l'incendie aux trois maisons voisines. La mienne fut seule préservée.

Ce malheur réduisit plusieurs familles à l'indigence : il fallut venir à leur secours. Je pris chez moi un jeune garçon en apprentissage ; d'autres firent ce qu'ils purent, chacun selon sa position.

— Voilà qui est bien, dis-je à mes voisins ; nous réparons de notre mieux les maux passés ; mais, cette fois, me croirez-vous et couvrirez-vous de tuiles ou d'ardoises vos maisons? Il y a d'autres pierres, dans nos montagnes, qui se détachent par feuilles : vous pouvez vous en servir, si vous trouvez l'ardoise trop chère.

J'eus la satisfaction de voir mes conseils écoutés ; mais j'obtins un autre succès, qui me fit encore un grand plaisir. Je décidai la commune à se pourvoir d'une pompe à incendie. Ce fut une grosse dépense ; aussi, quand nous eûmes acheté cet instrument de salut, je veillai à ce qu'on le maintînt toujours en bon état et prêt à servir. Nous avions près de nous l'exemple d'un village où l'on possédait deux pompes à incendie, qui, à quatre reprises différentes, s'étaient trouvées sans usage, parce qu'on les avait négligées. Une fois que la dépense est faite, n'est-ce pas une folie de la rendre inutile par défaut de soins?

8. — Soucis paternels.

Tout allait bien dans mon petit ménage ; nous regrettions cependant de n'avoir qu'un enfant. C'était un garçon. Je n'attendis pas longtemps pour l'exercer au métier de son père. Je lui mettais quelques petits osiers entre les doigts, et il s'essayait à les tresser, car les enfants sont naturellement disposés à l'imitation. Un peu plus tard, son travail devint sérieux ; je lui appris à enlever avec le couteau l'écorce des baguettes. Il nous voyait travailler constamment et il faisait comme nous. Enfin notre petit Pierre ne nous donnait que des sujets de satisfaction. Plus tard il m'a causé de cruels chagrins, mains j'ai du moins la consolation d'avoir fait tout ce que j'ai pu pour qu'il fût heureux et sage.

Ce n'est pas de la maison paternelle que lui sont venus les mauvais conseils, c'est du dehors ; c'est aussi dans certains livres qu'il a pris de fausses idées ; ils ont gâté l'ouvrage des pauvres parents.

Voilà pourquoi quelques personnes font la guerre aux écoles et à l'instruction, mais c'est bien mal à propos. Ces choses sont excellentes en soi, seulement il faut savoir en user. Il n'y a pas un des outils dont se servent les campagnards qui ne puisse devenir, dans les mains d'un furieux, une arme dangereuse.

9. — L'aisance augmente dans le village, grâce aux avis de Germain.

Quoique le village fût moins pauvre chaque année, on sentait encore de la gêne. Un dimanche, que les hommes étaient réunis, au sortir de l'église, on se mit à parler des affaires de la commune. On dit que les ressources manquaient pour nourrir les pauvres, pour entretenir les fontaines et les chemins, enfin pour toutes les dépenses d'utilité publique à la charge de la commune.

Chacun fit là-dessus les observations qu'il jugea convenables. Je pris la parole à mon tour, et l'on fit cercle autour de moi, parce que je commençais à passer pour une des bonnes têtes du village.

— Mes chers voisins, dis-je en regardant l'assemblée, ce sont nos chèvres qui nous ruinent.

On se récria de toutes parts :

— Nos chèvres?

— Oui, nos chèvres, et ce que je vous dis là n'est pas une découverte que j'ai faite moi-même : d'autres s'en sont avisés avant moi. Nos voisins, les habitants des Épinailles, ont reconnu que le libre parcours des chèvres dans les communaux plantés en bois finirait par détruire leurs forêts, et ils ont défendu qu'on les y menât paître à l'avenir.

Pour nous, notre cas est encore plus grave ; notre forêt communale a été rasée ; et maintenant nous envoyons paître nos chèvres parmi les jeunes pousses. Comment voulez-vous que le bois se rétablisse jamais?

C'est un bien petit avantage que d'envoyer une chèvre courir sur la montagne : elle n'engraisse pas nos terres, et la quantité de son lait n'est pas égale à ce qu'elle donnerait, bien nourrie à l'étable.

Mais quelle perte pour chacune de nos familles! Pensez à vous ; pensez surtout à nos enfants. Figurez-vous ce que sera la forêt dans trente ans, si, au lieu de laisser dévorer chaque année les jeunes pousses par la dent de nos chèvres, nous donnons quelques soins à cette propriété, si riche et si belle du temps de nos pères!

Une forêt qui grandit et prospère chaque année est un capital qui s'accroît pour le propriétaire, sans autre mérite que la patience ; c'est du bien qui vient en dormant. »

Ce discours du pauvre Germain fit beaucoup réfléchir ; on en causa longtemps et diversement dans le village. Il se forma deux partis : il y avait les amis et les ennemis des chèvres. Les femmes se prononcèrent surtout avec beaucoup de vivacité en faveur de celles qu'elles appelaient les nourrices de leurs familles.

Bien des gens me regardaient de travers ; plusieurs voisines faisaient entendre à ma bonne Sophie des paroles très-dures. Malgré tout cela l'opinion se formait, et, dans la municipalité, on pensait généralement qu'il fallait interdire aux chèvres le parcours du terrain qu'on voulait reboiser.

Les défenseurs des chèvres ayant appris qu'à un certain jour on prendrait à ce sujet une résolution définitive, ils se préparèrent à s'y opposer. Le jour venu, il y eut du trouble et de l'agitation dans le village : les femmes s'attroupèrent et vinrent entourer la maison commune. Tout à coup l'une d'elles s'écria :

— Ce n'est pas de là que le mal est venu. C'est ce méchant Germain qui en est le premier auteur : courons chez lui. Mort à Germain!

Sophie, qui était près de la maison, accourut tout effrayée, et me dit ce qui se passait.

— Entre, et fermons la porte, lui dis-je froidement : le domicile est inviolable.

Bientôt nous entendîmes de nouvelles menaces autour de la maison : ma femme s'évanouit. Nous avions alors une petite fille, qui s'appelait Marie, et que Dieu nous a retirée depuis. Je la pris dans mes bras, j'ouvris la porte et me présentai à cette foule égarée, en lui criant d'une voix émue :

— Vous voulez donc, mes voisines, tuer le père de cette enfant? Alors venez la prendre dans mes bras, et, après ma mort, chargez-vous de la nourrir, car la mère ne survivra pas au père.

Ces simples paroles calmèrent sur-le-champ mes pauvres voisines. Je fis signe que je désirais parler.

— Je suis si peu l'ennemi de vos chèvres et des miennes, leur dis-je posément, que je vais vous proposer un moyen d'en nourrir deux pour une.

— Voici du nouveau, s'écria l'une des femmes.

— Oui, du nouveau, du simple et du praticable en même temps. Vous savez que la commune possède un grand pâturage au-dessous du chemin ; tout le monde s'accorde à dire que c'est d'excellent terrain, et qu'il ne rapporte pas la dixième partie de ce qu'il produirait s'il était mis en culture. Adressons une demande à la municipalité ; prions-la de diviser ce terrain entre les familles du village, et de nous en laisser l'usage pour un long terme, sinon indéfiniment. Chaque ménage récoltera sur sa portion assez de trèfle, de luzerne ou d'esparcette pour nourrir non pas deux fois, mais trois ou quatre fois autant de chèvres à l'étable, qu'il en fait paître maintenant dans les communaux. Voilà mon avis.

Les femmes ont l'imagination plus vive que les hommes ; quand une idée leur plaît, elle est promptement saisie. Je fus chargé le jour même de rédiger une pétition ; les femmes la firent signer à leurs maris. Ma seconde proposition fut accueillie favorablement, et permit d'adopter sans risque la première. La forêt fut respectée ; le pâturage fut divisé et mis en culture, et en peu d'années cela transforma le village ; il était pauvre et il devint riche ; il y avait des mendiants, on n'en vit plus ; la santé même y gagna, car les familles furent mieux et plus sainement nourries.

10. — Une bonne ménagère.

Mes affaires continuaient à prospérer, et je peux dire que c'était en grande partie par les soins et le travail de Sophie. Le mari a beau s'évertuer et gagner de l'argent : rien n'avance, si la femme n'épargne pas. Sophie était la femme forte dont parle l'Écriture. Sa lampe veillait plus tard que toutes les autres, et s'allumait chaque matin longtemps avant le jour. Je ne pouvais modérer cette ardeur vertueuse, et l'on citait Sophie comme le modèle des ménagères. Ses enfants étaient les plus propres et les mieux vêtus du village ; sa maison la mieux tenue ; sa vaisselle d'étain la plus brillante ; les alentours de notre habitation plaisaient par un air d'ordre et de propreté ; ce n'était pas chez nous qu'on aurait pu voir un fumier devant la porte. On avait reproché d'abord à ma femme de vouloir se singulariser, mais, quand les voisines virent le bon résultat de sa conduite, elles finirent par l'imiter.

11. — Nouveaux soucis.

Cependant les mauvais jours arrivèrent aussi pour nous, comme pour la plupart des hommes. Nous eûmes le malheur de perdre notre petite Marie ; elle fut atteinte d'une fièvre scarlatine, et emportée en quelques jours.

Je ne vous dirai pas, mon cher monsieur, quelle fut notre douleur. Nous regrettâmes d'autant plus cette chère enfant, que Pierre, mon fils aîné, alors mon fils unique, nous donnait des sujets d'inquiétude. Il avait lu, dans je ne sais quels livres, des choses singulières sur l'état du peuple en France ; il croyait que tout allait mal pour les pauvres gens dans notre patrie, et se figurait qu'il n'y avait qu'un beau et bon pays au monde, c'étaient les États-Unis d'Amérique. Il aurait voulu nous décider à y transporter notre établissement.

— Avec notre industrie, nous disait-il, nous y ferions fortune, tandis qu'ici nous végétons.

Je répondis à Pierre que je ne voulais pas quitter mon pays ; que sa mère pensait comme moi ; nous n'étions plus assez jeunes pour songer à passer la mer ; quand nous voudrions le faire, ce ne serait pas pour nous établir dans un pays étranger, dont la langue nous était inconnue.

— Nous végétons, s'il faut t'en croire? Moi, j'appelle cela vivre comme il convient à des chrétiens. Nous avons ce que souhaitait le sage : « O Dieu, ne me donnez ni pauvreté ni richesse! » C'est le plus heureux des états. Tu nous promets la fortune ; mais il faudrait d'abord dépenser tout notre avoir en frais de voyage et d'établissement. Il ne manquerait plus après cela qu'une maladie ou un autre accident, pour nous abîmer tout à fait. On ne court presque jamais les chances de la fortune sans courir celles de la ruine.

Je dis encore beaucoup de choses à Pierre ; sa mère en ajouta quelques-unes de son côté. Elle ne voulait pas quitter son lieu natal ; elle voulait vivre et mourir près de la tombe de Marie.

— Travaillons, mon Pierre, disait-elle ; le travailleur ferait venir le pain jusqu'à lui depuis le bout du monde. Tu vois qu'on aime ici nos ouvrages ; chaque nouvelle tournée nous réussit mieux que les autres. Ailleurs peut-être on n'aurait pas le même goût. Et je suppose que tu veuilles par la suite étendre ton marché, tu pourras expédier au loin tes marchandises ; fais-leur passer la mer et reste dans tes montagnes.

Pierre n'était pas convaincu, mais, je dois le dire, il se montra résigné ; seulement il paraissait triste et devenait silencieux.

— Tout notre bonheur terrestre dépend de toi, lui disais-je : sois donc joyeux et content, si tu veux que nous le soyons aussi.

Il fit quelques efforts pour nous complaire : nous lui en savions gré, mais nous aurions voulu qu'il n'eût pas besoin de se contraindre, pour nous montrer un visage satisfait.

12. — Joie et douleur.

Il approchait de sa vingtième année, quand Sophie devint mère pour la troisième fois. J'accueillis avec des transports de joie ce consolateur, que Dieu nous envoyait à la place de Marie : c'était un garçon, mais je vis bientôt qu'il serait, comme sa sœur, tout le portrait de sa mère. Nous appelâmes Philippe ce fruit de notre arrière-saison.

Ce qui mit le comble à notre joie, c'est que Pierre vit avec autant de plaisir que nous ce nouveau membre de la famille. Il avait pour son petit frère les soins et les attentions d'une sœur aînée. Il le prenait souvent dans ses bras, lui souriait, lui parlait, il lui apprit à marcher. Les trois ans qui s'écoulèrent depuis la naissance de Philippe furent au nombre des plus heureuses de notre vie. Nous n'avions qu'une ancienne douleur, mais c'était Dieu qui nous l'avait imposée, et nous savions souffrir avec résignation une perte que sa bonté venait de réparer d'une manière inattendue.

Je ne veux pas accuser Pierre de ruse et d'artifice ; il aimait réellement son frère, mais nous ne tardâmes pas à reconnaître pourquoi la naissance de Philippe l'avait tant réjoui. Pierre s'était regardé jusque-là comme obligé, en sa qualité de fils unique, à se fixer auprès de ses parents. Il avait renoncé à ses projets d'établissement à l'étranger ; mais, à présent que nous avions un appui pour notre vieillesse, il pouvais nous quitter sans crime. Il nous en fit un jour la demande expresse, et nous avoua que le désir de s'expatrier le tourmentait jour et nuit.

Je fus consterné ; Sophie versa beaucoup de larmes. Je représentai à Pierre que je me faisais vieux, que je pouvais mourir avant que Philippe fût en état de gagner sa vie et de soutenir sa mère, si elle devenait infirme. Il me répondit que Dieu détournerait ces malheurs, ou que, s'il les permettait, l'Amérique n'était pas si loin de l'Europe.

— Je reviendrai, mon père, ou du moins j'enverrai des secours assez abondants pour mettre toute la famille dans une aisance qu'elle n'a jamais connue.

Je ne crus pas devoir m'opposer plus longtemps à une résolution si obstinée ; il y a des vocations que les parents n'ont pas le droit de contrarier ; si j'empêchais Pierre de chercher fortune en pays étranger, il pourrait un jour tomber dans le désordre par l'effet du découragement. Nous obtînmes seulement qu'il attendrait que son frère eût accompli sa septième année pour s'occuper de son départ.

Que ne fîmes-nous pas, en attendant, sa pauvre mère et moi, pour tâcher de retenir Pierre dans le pays? Je me souviens d'une tournée que nous fîmes tous les quatre ensemble dans la plaine pour vendre nos marchandises. Nous avions acheté ce petit cheval ; j'avais disposé deux bancs sur la voiture. Pierre occupait la place où je suis, tenant le fouet et les rênes ; Philippe était assis où vous voilà ; la mère au second banc, derrière Philippe, qu'elle surveillait, et moi à côté d'elle. La saison était magnifique ; la lune brillait comme ce soir, et nous aimions à voyager la nuit. Cette tournée fut pour nous une fête continuelle.

Mon Dieu, ils étaient là tous trois, et je vous rendais grâce, et je vous priais d'inspirer à mon malheureux fils une part de cet amour de la famille, qui remplissait mon cœur. Faites, vous disais-je, qu'il ne se puisse passer de nous?

Mais lui, avec l'ardeur de la jeunesse, il regardait au loin, et croyait voir le bonheur et la fortune au delà de nos montagnes.

— C'est pour vous, nous disait-il, que je souhaite la richesse.

— Nous ne la voulons pas, lui répondait sa mère, nous ne la voulons pas cette richesse, qui va nous coûter un de nos enfants.

— Je reviendrai, nous disait-il, et ce jour-là, vous bénirez le Seigneur.

Il partit enfin au terme fixé, et il n'est pas revenu. Chose déplorable! Nous avons su son arrivée à New-York, et dès lors il s'est perdu dans ce vaste monde américain! Nous n'avons eu de lui aucunes nouvelles. Assurément il est mort.

Je ne veux pas faire témérairement à mon pauvre Pierre de nouveaux reproches, ni lui imputer la mort de sa mère ; mais c'est une chose certaine que, depuis son départ, Sophie n'a pas compté un seul beau jour. Elle devint peu à peu languissante ; ni mes soins ni les caresses de Philippe ne purent lui rendre la joie et la santé.

Je crois que l'incertitude est plus funeste pour une mère que la plus affreuse vérité. Nous ne savions ce que Pierre était devenu ; nous fîmes toutes les démarches possibles pour avoir de ses nouvelles : ce fut sans aucun succès. La fièvre jaune avait régné avec une telle violence dans une ville où il a dû séjourner, qu'on avait enseveli les morts pêle-mêle sans enregistrer les décès. Je fus convaincu que Pierre avait succombé au fléau ; je le pleurai ; je portai le deuil ; mais sa mère espéra, ou du moins tâcha d'espérer toujours. Elle mourut elle-même deux ans après ce funeste départ.

13. — Un consolateur.

Il y a six ans que je suis seul au monde avec Philippe. J'ai concentré sur lui toutes mes affections ; j'aime en lui sa mère, sa sœur, et ce frère lui-même, que Dieu a châtié et que je pleure.

Oh! s'il revenait un jour! Mais c'est une chimère ; il faudrait le supposer trop coupable. J'aime presque mieux croire qu'il est auprès de sa mère et de sa sœur.

Pour moi, je conserve, grâce au ciel, une bonne santé malgré mon âge. Une secrète voix me dit que le Tout-Puissant me permettra de remplir ma tâche jusqu'au bout. Encore quelques années et je verrai ce petit dormeur établi, marié, peut-être père de famille! Alors je dirai : « Maintenant, Seigneur, vous laisserez mourir votre serviteur en paix ; » et j'attendrai avec une joie chrétienne le moment où ma poussière reposera auprès de celle de Sophie ; où mon âme, sauvée par la foi en Dieu, aura rejoint mes amis dans les cieux. »

Après un moment de silence et de recueillement, le bon Germain se retourna : les rayons de la lune tombaient en plein sur le visage de Philippe.

— Voyez, me dit-il, comme il dort paisiblement! Puisqu'il ne m'entend pas, je puis vous dire qu'il n'y a pas sur la terre un enfant plus aimable et plus vertueux. Non-seulement il m'aime tendrement, mais il sait me le dire ; il a des mots qui vont au cœur ; il a des caresses charmantes, une gaîté qui triomphe de toutes mes tristesses ; une sensibilité qui sait les partager et les adoucir. Il sait me parler de ce qui me touche et m'intéresse : c'est vous dire combien de fois Sophie, Pierre et Marie reviennent dans nos entretiens.

Mais je pense à son avenir ; je ne veux pas que Philippe ne vive qu'avec moi, qui peux lui manquer d'un jour à l'autre : je lui donne des amis de son âge ; je lui assure des protecteurs, qui ne l'abandonneront pas au besoin. Enfin je tâche de tout prévoir et de tout disposer pour le bien de cet enfant ; mais ma plus ferme espérance est en Celui qui me l'a donné. »

14. — Conclusion.

Quand Germain eut cessé de parler, je restai moi-même quelques moments dans le silence, après quoi je pris la parole pour le remercier.

— Assurément, lui dis-je, le récit que vous venez de me faire, et qui m'a vivement touché, renferme de précieuses leçons. Vous avez été bon mari, bon père, bon voisin ; vous avez beaucoup travaillé, ce qui est le devoir de chacun ici-bas ; vous avez aussi beaucoup souffert, ce qui peut être également le sort de vos frères : puissent-ils, dans leurs épreuves, imiter votre patience et votre résignation!

En poursuivant l'entretien nous arrivâmes enfin à notre destination. Philippe s'était éveillé quelques moments auparavant. Je pus faire sa connaissance, et il me parut que son père ne le jugeait pas trop favorablement.

Germain consentit à faire une visite à mes parents, et, depuis, nous l'avons revu quelquefois avec son fils. Ils nous aiment, nous les aimons, et nous leur avons promis notre visite pour l'an prochain. Il me tarde beaucoup de voir la maison où vécut Sophie ; je ne manquerai pas d'aller prier sur sa tombe et celle de son enfant.

LES DEUX MEUNIERS[1].

[1] Voir les *Fables et Paraboles* du même auteur, p. 180.

Dans un canton reculé de la Bourgogne, Gaspard Mirel avait établi un moulin au bord d'un petit ruisseau, dont la pente, soigneusement ménagée par quelques travaux, avait produit une chute, qui suffisait à mettre en mouvement une roue de moyenne grandeur. Le meunier, qui n'avait pas de concurrence à craindre dans le voisinage, fit d'abord d'excellentes affaires.

Au bout de quelque temps, les progrès de l'agriculture rendirent même le moulin de Gaspard insuffisant, et les besoins devinrent assez pressants pour engager Pierre Chosal à construire, sur le coteau voisin, un moulin à vent, qui ne tarda pas à entrer en activité.

Gaspard vit avec un chagrin jaloux cet établissement rival. Il se croyait déjà ruiné, parce que les sacs n'encombraient plus, comme auparavant, son magasin, et que les cultivateurs ne se disputaient plus sa meule avec autant de vivacité ; et, quoiqu'elle ne cessât pas de travailler jour et nuit, il regardait souvent avec colère du côté de la colline. Voyait-il les grandes ailes du moulin de Pierre Chosal tourner au souffle du vent, il pestait en lui-même contre cette machine maudite et celui qui l'avait faite. Il disait quelquefois :

— On l'a placée tout exprès de telle façon que je ne puisse éviter de la voir, quand je sors de chez moi et quand je me mets à la fenêtre. Ces grandes ailes semblent me narguer à plaisir ; elles attirent tous les regards de trois lieues à la ronde, et mon moulin, enterré au fond de la vallée, sera bientôt oublié.

Gaspard Mirel n'avait de bons jours que ceux où, le vent venant à cesser, la grande croix restait immobile. Il l'observait alors avec une maligne joie, et prêtait l'oreille avec complaisance au bruit de l'eau qui faisait tourner sa roue. Il y eut toute une saison pendant laquelle le calme régna dans l'air d'une manière si continue, que Pierre se désespérait dans son moulin toujours immobile. Il pleuvait assez souvent, mais sans un souffle d'orage. Les ailes du moulin, trempées de pluie, paraissaient s'ennuyer de leur oisiveté, comme l'oiseau, tristement blotti sur une branche, quand l'eau ruisselle sur son plumage. Gaspard, dans sa folle impiété, se figurait que le ciel s'associait à sa haine, et disait à sa femme :

— Dieu punit le méchant qui voulait nous nuire.

D'autres fois il faisait des railleries amères sur le compte de son malheureux voisin, et il disait, d'un air de triomphe, aux cultivateurs, qui, après l'avoir abandonné pour employer Pierre Chosal, revenaient à lui :

— Eh bien, çà ne va plus là-haut? Ne me parlez pas de ces pauvres machines qui ne marchent qu'au gré du vent. Croyez-moi, mes amis, tenez-vous-en au moulin de Gaspard, et vous ne serez jamais trompés. On vous promet la farine pour tel jour et pour telle heure, et vous pouvez y compter : c'est régulier comme le soleil.

Mais Dieu, qui est le maître du vent, l'est aussi de la pluie. Après ce long calme, l'atmosphère entra en mouvement, et les ailes du moulin tournèrent de nouveau. Le vent soufflait du nord, ou, s'il changeait quelquefois, c'était pour passer à l'est et toujours sans pluie. Il y eut une grande sécheresse. Elle dura si longtemps, que le ruisseau s'en ressentit. Il ne suffisait plus à faire tourner la roue avec assez de force. Gaspard fut obligé de recueillir l'eau dans l'étang, et ne put faire travailler son moulin que par intervalles, en lâchant la bonde, lorsque l'étang se trouvait plein.

Malheureusement il était bientôt vide, et il fallait toujours plus de temps pour le remplir, car le ruisseau diminuait de jour en jour. Enfin il tarit tout à fait, et le moulin cessa de marcher. Cela ne s'était jamais vu. Le malheureux Gaspard, assis près de sa roue immobile, voyait tourner sans cesse les ailes du moulin à vent. Lui, qui avait tant raillé le nouveau venu pendant le temps du calme, il se trouvait maintenant en butte à ses moqueries.

Les gens qui lui avaient donné du blé à moudre, perdant patience, venaient le retirer, et le portaient chez Pierre, malgré les prières de Gaspard, qui leur disait les larmes aux yeux :

— Un peu de patience, mes amis ; ce temps ne durera pas toujours.

Il consultait du matin au soir le baromètre, mais on eût dit que la colonne de mercure était pour jamais arrêtée au beau fixe. Gaspard voyait-il se former dans le ciel quelques nuages, il les suivait des yeux avec anxiété : vaine espérance! les nuages passaient plus loin et portaient chez les bonnes gens la rosée du ciel.

Sa jeune femme lui disait, en berçant leur enfant nouveau-né :

— Nous avons offensé Dieu : souffrons ses châtiments sans murmure.

Pierre Chosal, témoin de ce qui se passait au bas du vallon, ne fut pas, il est vrai, aussi dur, aussi cruel, que l'avait été son rival ; mais il lui gardait rancune pour ses railleries ; il s'en permit quelques-unes à son tour, et disait à sa famille :

— Gaspard a le temps aujourd'hui de s'amuser à voir d'où vient le vent, et s'il amènera du sec ou de la pluie. Pour moi, peu m'importe d'où il souffle ; il n'en fait pas moins tourner la meule : je lui présente mon aile et je la laisse faire ; cela va tout seul.

Un soir il fut curieux d'observer de près la détresse de son voisin, et descendit secrètement dans le vallon. Il vit que le ruisseau avait complètement tari ; l'herbe était flétrie alentour ; les arbres même paraissaient souffrir de la sécheresse. Cependant, comme il voyait leurs feuilles agitées, et les entendait frémir, il disait avec satisfaction :

— Tout va bien! le vent n'est pas près de tomber.

Au bout de quelques moments, il arriva près du moulin de Gaspard. Il regardait à travers les branches, observant cette roue gercée par le soleil, ce canal desséché, et, dans le fond du ravin, quelques pauvres canards, qui se disputaient la place dans une dernière flaque d'eau.

Pendant qu'il contemplait en silence ce triste spectacle, il aperçut dans la maison la meunière, qui tenait son enfant dans ses bras ; il vit cette jeune femme couvrir de baisers la petite créature ; puis un chant plaintif et doux arriva jusqu'à lui. Pierre Chosal était assez près pour entendre distinctement ces paroles :

Dors, ma petite Rose,

Fais silence, et repose

Sur mon sein maternel,

Comme ta pauvre mère

Se fie en sa misère

Au bras de l'Éternel.

C'est lui qui de l'eau vive

Tient la source captive

Et permet nos malheurs ;

Mais, comme dans nos plaines,

Il tarit les fontaines,

Il peut sécher nos pleurs.

Pierre se sentit ému. Il ne pouvait s'arracher de cette place. Bientôt la petite Rose poussa des cris plaintifs. Elle souffrait sans doute, et peut-être le chagrin de la mère avait-il influé sur la santé de l'enfant! Pierre fut troublé de remords.

— Je suis un méchant, se dit-il d'une voix étouffée. J'ai bâti mon moulin pour nourrir ma famille, et je me suis moqué de Gaspard, qui ne peut maintenant nourrir la sienne! Que le Seigneur me pardonne! J'ai péché contre la charité et la justice. Dieu veuille rendre à mes pauvres voisins l'eau qu'ils attendent depuis longtemps!

Un peu soulagé par cette prière, Chosal se retirait doucement, de crainte qu'on ne l'aperçût ; il rougissait d'avoir cédé à une indiscrète curiosité, et se proposait de revenir le lendemain pour faire à Gaspard une visite plus honnête. Pendant qu'il s'éloignait, le ciel se couvrit de nuages ; un vent d'orage se leva, faisant ployer et gémir les arbres et les buissons. Pierre se dit, avec une satisfaction qui n'était pas sans orgueil : « Je suis exaucé! » Mais il n'était pas au bout ; une nouvelle épreuve l'attendait.

En effet, le vent éclatait avec une violence extraordinaire ; c'était une véritable tempête. Le meunier, fort inquiet pour son moulin, pressa le pas, et il eut à peine le temps de rentrer chez lui avant les premiers tonnerres. L'ouragan dura toute la nuit, et, vers le matin, il redoubla avec une telle furie, que Pierre jugea nécessaire de sortir du moulin avec sa famille. Il était à peine à cent pas, que l'aile fut arrachée, la toiture brisée et le moulin renversé.

Le malheureux eut beaucoup de peine à traîner sa petite famille jusque dans l'église, qui se trouvait heureusement assez près de là.

La tempête n'avait pas d'abord causé autant de frayeur chez Gaspard que chez Pierre. Au bas du vallon le vent était moins fort, et le moulin lui présentait moins de prise. Loin de s'alarmer, Gaspard prêta d'abord l'oreille avec joie au bruit de l'eau courante, qu'il n'avait pas entendu depuis si longtemps. Le matin au plus fort de l'orage, il disait en riant :

— Le voisin Pierre a, je pense, du vent plus qu'il n'en veut!

Et, dans le même instant, comme il regardait du côté de la colline :

— Est-ce possible? s'écria-t-il. Femme, Dieu est juste ; nous sommes vengés : le moulin de Pierre est à bas!

La meunière courut à la fenêtre, et, à la vue de cet affreux spectacle, elle fut touchée de compassion :

— Hélas! auraient-ils péri sous les débris de leur maison?

— Je ne souhaite pas leur mort, dit vivement Gaspard ; mais aussi, pourquoi établir ce moulin si près du nôtre? L'homme méchant l'avait bâti, le Dieu juste l'a renversé.

— Tais-toi, Gaspard! N'attire pas sur nous cette justice!

Cependant la pluie ne cessait de tomber avec une violence extraordinaire.

— C'est trop à la fois, disait Gaspard, qui commençait à s'alarmer.

Ce n'était pas sans cause ; le ruisseau, qui s'enflait à vue d'œil, était devenu un torrent. Bientôt le danger parut extrême, et Gaspard sortit à la hâte de chez lui, pour sauver ses effets les plus précieux ; sa femme le suivait, portant son enfant dans ses bras. Ils eurent aussi l'idée de chercher un refuge dans l'église. En arrivant, la jeune femme se trouva mal de fatigue et d'épouvante, et reçut les soins de la meunière du moulin à vent.

Pierre n'était plus là ; il était à la poursuite de ses moutons et de ses chèvres dispersés par la tempête ; cette recherche le conduisit par hasard vers le ruisseau et le moulin de son rival. Voyant la maison en danger, il oublie son petit bétail pour secourir ses voisins, et s'étonne de trouver leur demeure abandonnée.

Avant de s'éloigner, Gaspard avait eu la précaution de fermer l'écluse du chenal, mais la force du courant l'avait brisée ; l'eau s'y était jetée avec fureur ; elle débordait et formait comme un lac derrière le bâtiment. Pierre, trouvant une pioche sous sa main, se jette dans l'eau à moitié corps, et, à force de peine, il ouvre une issue latérale : ce fut le salut de la maison. L'eau, se précipitant par cette ouverture, reprit son cours naturel.

Aussitôt que Gaspard avait cru pouvoir quitter sa femme et son enfant, il était revenu chez lui en grande hâte. Il arriva dans le moment où Pierre achevait son travail : c'était là que Dieu attendait Gaspard, pour le toucher enfin à son tour de repentir. Quel spectacle pour lui, et quelles réflexions dut-il faire ! Pendant que sa femme et son enfant recevaient dans l'église les soins de la pauvre voisine, le mari sauvait leur maison menacée !

— Ah ! mon cher voisin !... s'écria Gaspard à cette vue, et il n'en put dire davantage. D'ailleurs ce n'était pas le moment de se répandre en paroles. Il prit lui-même un outil, et se mit à travailler de son côté. Ils firent si bien l'un et l'autre, qu'au bout de quelques moments, le moulin ne courait plus aucun risque.

La tempête finit par s'apaiser ; les eaux cessèrent de croître et bientôt elles baissèrent. Vers dix heures du matin, il fut possible à l'un des meuniers d'aller savoir des nouvelles de leurs femmes et de leurs enfants.

Gaspard se chargea de ce soin ; il courut à l'église, et ramena chez lui les deux familles, après leur avoir fait connaître la belle conduite de Pierre. Ce fut pour tous une grande joie. Chemin faisant, on recueillit une partie du bétail égaré ; les deux pères allèrent à la recherche du reste, et le ramenèrent ensemble au moulin.

C'est ainsi que l'amitié prit chez eux la place de la haine.

— Ce moulin n'est plus à *moi*, dit Gaspard, il est à *nous*.

Les deux meuniers s'associèrent en effet pour l'exploiter ensemble, et plus tard ils rebâtirent l'autre, sans renoncer à leur société. Les deux femmes, les enfants, vivaient dans la meilleure intelligence. Chaque famille avait repris son ménage, mais l'on était sans cesse les uns chez les autres pour s'entr'aider.

Grâce au progrès de l'agriculture, il y eut de l'ouvrage en abondance pour les deux établissements. Quand le temps était moins favorable au moulin à vent, l'autre le suppléait et réciproquement. Mais d'ordinaire les deux moulins travaillaient à l'envi, car le ciel bénit les bonnes gens. Plus d'ouragan destructeur, ce terrible événement resta dans la mémoire des enfants comme une leçon divine dont ils surent profiter ; ils grandirent ensemble, ils s'aimèrent et furent heureux.

FIN.

Milton Keynes UK
Ingram Content Group UK Ltd.
UKHW030911151124
451262UK00006B/823